Gustav Jahn

Commentar zu dem Abschnitt über das Hal aus Zamachsarî's Mufaal

Gustav Jahn

Commentar zu dem Abschnitt über das Hal aus Zamachsarî's Mufaal

ISBN/EAN: 9783744615365

Hergestellt in Europa, USA, Kanada, Australien, Japan

Cover: Foto ©ninafisch / pixelio.de

Weitere Bücher finden Sie auf **www.hansebooks.com**

ABUL-BAKÂ IBN JAÎS

COMMENTAR ZU DEM ABSCHNITT ÜBER DAS حل

AUS

ZAMACHŚARÎ'S MUFAṢṢAL.

NACH DER LEIPZIGER UND OXFORDER HANDSCHRIFT

ZUM ERSTEN MALE HERAUSGEGEBEN

ÜBERSETZT UND MIT SCHOLIEN AUS HANDSCHRIFTEN DES MUFAṢṢAL VERSEHEN

VON

DR. G. JAHN,

GYMNASIALLEHRER IN BERLIN.

HALLE,

BUCHHANDLUNG DES WAISENHAUSES.

1873.

SEINEM HOCHVEREHRTEN LEHRER,

HERRN PROFESSOR DR. H. L. FLEISCHER

IN LEIPZIG

ALS EIN ZEICHEN SEINER DANKBARKEIT UND EHRERBIETUNG

ZUGEEIGNET

VOM

VERFASSER.

Der Text der citirten Verse, dessen Feststellung in der Bearbeitung der Codd. die Hauptschwierigkeit bildet, ist für den folgenden Abschnitt fast durchweg entweder durch Vergleichung derselben Citate in anderen Texten, oder durch die unmittelbar folgende Erklärung des Ibn Ja'îš selbst sicher gestellt.

Für die theils in den Anmerkungen zur Uebersetzung, theils im Anhang gegebenen arabischen Scholien habe ich folgende Codd. benutzt:

1) Cod. Rifâ'ija No. 204 der Leipziger Universitätsbibliothek.

2) Cod. Wetzstein, II. Sammlung No. 52 der Berliner Königl. Bibliothek. Die beiden genannten Codd. enthalten Handschriften des Mufaṣṣal mit Glossen.

3) Cod. Warner. No. 553 der Leydener Bibliothek, enthaltend (als Anhang) حواشي المفصل للمصنف جار الله, also nach dem Titel Scholien von Zamachšarî selbst, welche freilich an Werth hinter dem Mufaṣṣal selbst weit zurückstehen und über die Identität des Verfassers beider Zweifel aufkommen lassen.

Den Curatoren der Bodlejana, Herrn Geheimrath Dr. Pertz in Berlin, Herrn Professor Dr. Krehl in Leipzig, Herrn Professor Dr. de Goeje in Leyden spreche ich für die liberale Ueberlassung, beziehungsweise Uebersendung dieser und anderer Handschriften sowohl für das folgende Specimen wie für die Bearbeitung des Ganzen hiermit meine Dank aus.

Die trotz vierfacher Correctur im arabischen Text stehen gebliebenen wenigen Druckfehler bitte ich zu entschuldigen. Eine Aufzählung derselben hielt ich nicht für nöthig, da sie nirgends sinnentstellend sind, und eine Verbesserung derselben sich für den Kundigen von selbst ergiebt.

Das Zustandekommen der Bearbeitung des ganzen nach arabischem Urtheile unter ähnlichen Werken „unvergleichlichen" Commentars des Ibn Ja'îš hängt für das zweite Drittel noch von der Ermöglichung der Collation wenigstens einer der in Konstantinopolitaner Bibliotheken befindlichen Handschriften ab.

Endlich ist es mir eine angenehme Pflicht, Herrn Professor Dr. Fleischer sowohl für seinen Unterricht überhaupt, als auch für seine Unterstützung im Einzelnen, welche mir nie gefehlt hat, und ohne die mir, wenn nicht im folgenden Specimen, so doch bei der Bearbeitung der anderen Theile des Werkes, die Herstellung mancher verderbten Textstelle nicht gelungen wäre, herzlichen Dank zu sagen.

Berlin, im April 1873.

G. Jahn.

UEBERSETZUNG.

Der Verfasser des Mufaṣṣal sagt (S. ٢٧ Z. 6. U. ed. Broch.):

Der Zustand[1].

Der Zustand ist dem Object insofern ähnlich[2]), als er, ebenso wie dieses, nicht zu den nothwendigen Satzbestandtheilen gehört, sondern erst hinzugefügt wird, nachdem der Satz (nach seinen nothwendigen Bestandtheilen) vollendet ist. Specielle Aehnlichkeit hat der Zustand mit der Zeit- und Ortsbestimmung (الظرف)[3]), insofern beide ein مفعول فيه ausdrücken, d. i. Satzbestimmungen ausmachen, welche angeben, zu welcher Zeit, an welchem Ort und in welchem Zustand die Handlung geschehen ist.

Das Ḥâl wird gebraucht, um den Zustand (habitus) des Subjects oder Objects zu bezeichnen. Z. B. in dem Satze ضربتُ زيدا قائمًا kann قائمًا Ḥâl zu dem in ضربتُ liegenden Pronomen der ersten Person wie zu Zeid sein.

Bisweilen werden Subject und Object zugleich durch ein Ḥâl näher bestimmt, entweder so, dass ein Ḥâl-Accusativ sich auf beide bezieht, oder so, dass für Subject und Object verschiedene Ḥâl-Accusative stehen. Beispiele für den ersten Fall:

لقيتُه راكبَيْن Ich traf ihn, indem wir beide zu Pferde waren.

Und der Vers des ʿAntara:

„So oft du mir auch begegnest, so dass wir allein sind (فَرْدَيْن Ḥâl zum Subject und zum Object), so zittern[4]) die Extremitäten deiner Hintertheile und sind voll Schrecken.“ (Wâfir).

Ein Beispiel für den zweiten Fall:

---

1) Vgl. Ibn ʿAḳîl ed. Diet. p. 170 zu V. 332.

2) شُبّهب الحال بالمفعول به مشابهةً خاصّةً من حيث مجيئها فضلةً وجوازِ اضمار عاملها نحو تجويزهم اضمار العامل فى نحو مَكَّةَ ورَبِّ الكعبة ونحو غَضَبَ الخيل على اللُجُم، (Vgl. Mufaṣṣ. p. 17 Z. 1 und p. 18 Z. 8. 9.). Glosse des C. Mufaṣṣ. Wetzst.

3) الحال تُشْبِه الظرف فانّ حقيقته جاء زيدٌ حالَ كونه راكبا وقوله حالَ كونه راكبا ظرفٌ، Glosse des Cod. Muf. Wetzst.

4) تَرْجُفُ اى تَتَحَرَّكُ من خَوْفى ومن كان يخاف من أحدٍ تَتحرَّك طَرَفَا أَلْيَتَيْهِ، Glosse des Cod. Muf. Lips.

لقيته مُصْعِدًا ومُنْحدِرًا Ich traf ihn, indem er hinaufstieg und ich herabstieg [1]).

Der Commentator sagt: Das Ḥâl ist die Beschreibung des Zustandes des Subjects und des Objects; z. B.

جاءَ زيدٌ ضاحكًا Zeid ist gekommen als Lachender.

أَقْبَلَ محمّدٌ مُسْرِعًا Muḥammed ist herbeigekommen im Zustand der Eile.

ضربتُ عبدَ اللهِ باكيًا Ich habe den ʿAbdallah geschlagen, indem er weinte.

لقيتُ الأميرَ عادِلًا Ich habe den Emir getroffen als einen gerechten.

Der Sinn ist: Abdallah [2]) ist gekommen in diesem Zustand; ebenso in den übrigen Beispielen. Dieselben sind so zu erklären, dass sie als Antwort auf die Frage: „Wie?“ stehen. Wenn man sagt: Abdallah ist herbeigekommen als Lachender, so ist es, wie wenn die Voraussetzung zu Grunde liegt, dass Jemand gefragt hat: Wie ist er herbeigekommen? In ähnlicher Weise steht der Accusativ des Grundes auf die Frage: Warum hast du es gethan?

Diese Satzbestimmung wird Zustand genannt (mit demselben Wort, welches auch „Gegenwart“ bedeutet), weil es nicht zulässig ist, dass das Nomen agentis im Ḥâl sich auf andere Verhältnisse [3]) bezieht, als auf diejenigen, in welchen du (als Subject oder Object) dich befindest, mag die Zeit lang oder kurz sein, also nicht auf Handlungen, welche in der Vergangenheit abgeschlossen sind [4]), ebensowenig auf solche, welche noch zukünftig sind. Denn das Ḥâl ist nur der Habitus und die Beschreibung des Subjects oder des Objects zur Zeit dieser ihrer Handlung.

2. Das Ḥâl ist dem Object ähnlich, fällt aber nicht damit zusammen. Letzteres erhellt daraus, dass auch die intransitiven Verba Ḥâl-Accusative regieren können, wie in den oben angeführten Beispielen جاء und أقبل. Das Ḥâl kann also nicht Object sein, wie ʿAmr in dem Satze: Zeid hat den ʿAmr geschlagen. Ein zweiter Grund, welcher beweist, dass das Ḥâl kein Object im eigentlichen Sinn ist, ist der, dass das Ḥâl dem Sinne nach mit dem Subject des Satzes zusammenfällt und nicht verschieden davon ist. Denn wenn man sagt: Zeid ist gekommen als Reitender, so ist der Reitende Zeid selbst. Das Object dagegen ist immer vom Subject verschieden oder wird doch so angesehen [5]); z. B. Zeid hat den ʿAmr geschlagen. Darum ist es nicht zulässig zu sagen ضَرَبْتُنِي Ich habe mich geschlagen, und ضَرَبْتَكَ du hast dich geschlagen, weil in diesen

---

1) Dasselbe Beispiel bei Ibn ʿAḳîl ohne Wav. Ed. Diet. p. 177. Ebenso nachher im Comm. des Ibn Jaʿîš p. ٣ U. 2) Man erwartet Zeid. 3) d. i. hier speciell auf eine andere Zeit.

4) d. i. in Beziehung auf die durch das Prädikat ausgedrückte Handlung, welche also mit der durch das Ḥâl ausgedrückten gleichzeitig sein muss.

5) mit Bezug auf das folgende Beispiel ضربتُ نفسى.

Beispielen Subject und Object der Bedeutung nach identisch sind. Wenn man dagegen sagt: ضربتُ نَفْسِي in derselben Bedeutung, so wird das Object النفس als etwas dem Subject Fremdes angesehen. Darum kann der Besitzer der Seele sie anreden und sagen: O meine Seele, lass ab! so dass sie wie ein dem Subject fremder Gegenstand erscheint. Wäre ferner das Ḥâl ein Object, so müsste es ebensogut determinirt wie indeterminirt sein können, wie die übrigen Objecte. Dass es aber stets indeterminirt ist, ist ein Beweis dafür, dass es kein Object ist.

Da es also feststeht, dass das Ḥâl kein Object ist, so ist es doch dem Object insofern ähnlich, als es nach Vollendung der Rede gesetzt wird, d. i. nachdem die zur Satzbildung nothwendigen Momente, das Verbum und sein Subject, schon vorhanden sind. Eine zweite Aehnlichkeit mit dem Object liegt darin, dass das Verbum auf das Ḥâl hinweist wie auf das Object. Denn wenn man sagt: Ich stehe, so muss dieses Stehen nothwendig in einem bestimmten Zustand stattfinden. Insofern gleicht der Satz: Abdallah ist angekommen als Reitender, dem andern Satz: Abdallah hat einen Mann geschlagen, und wegen dieser Aehnlichkeit kommt es dem Ḥâl zu, wie das Object im Accusativ zu stehen.

Die Worte des Verfassers: „Es hat specielle Aehnlichkeit mit der Zeit- und Orts- S. ٣
bestimmung“ wollen sagen, dass das Ḥâl dem Object im Allgemeinen nach den Beziehungen gleicht, welche wir so eben erwähnt haben, und dass es darin nicht dem einen Object näher steht als den anderen; dass es aber speciell dem Object des Ortes und der Zeit und unter diesen wieder speciell der Zeitbestimmung ähnelt, insofern es, wie die Zeit- und Ortsbestimmung, durch في aufzulösen ist. Denn wenn man sagt: Zeid ist gekommen als Reitender, so heisst dies soviel wie: Im Zustand des Reitens, ebenso wie der Satz: Zeid ist heute gekommen soviel heisst wie: am heutigen Tage. Die specielle Aehnlichkeit mit der Zeitbestimmung liegt darin, dass der Zustand nicht bleibt, sondern in einen anderen Zustand übergeht, wie auch die Zeit aufhört und nicht bleibt, sondern eine andere darauf folgt. Darum ist es nicht zulässig, dass der Zustand eine Naturbeschaffenheit ausdrückt, so dass man sagen dürfte: Zeid ist zu mir gekommen als Rother oder als Schielender oder als Langer; wenn man aber sagt: sich schielend stellend oder sich lang machend (durch Ausrecken des Halses), so ist es zulässig, weil dies Zustände sind, welche Zeid als Subject hervorbringt, nicht aber Naturbeschaffenheiten, und somit ihr Uebergang in andere Zustände denkbar ist.

Das Ḥâl ist eine Darlegung des Habitus des Subjects und des Objects. Sagt man: S. ٣
Zeid ist gekommen als Stehender, so ist das Ḥâl eine Darlegung des Habitus des Subjects, d. i. des Zeid. Sagt man dagegen: Ich habe den Zeid als einen Stehenden geschlagen, so ist es eine Darlegung des Habitus des Objects.

Die Worte des Verfassers: Man kann das Ḥâl nach Belieben sowohl als Ḥâl des Subjects wie als Ḥâl des Objects ansehen, wollen sagen, dass, wenn man sagt: ضربتُ

زيدا قائمًا, man قائمًا sowohl als Ḥâl des Subjects, d. i. des suffigirten Pronomens der ersten Person in ضربتُ, wie als Ḥâl des Objects, Zeid, ansehen kann. Hierin liegt eine gewisse Nachlässigkeit der Construction: denn wenn man das Ḥâl als Ḥâl des Pronomens der ersten Person ansieht, so sollte es unmittelbar mit demselben verbunden und construirt werden: ضربتُ قائمًا زيدا Ich als Stehender habe den Zeid geschlagen, und es ist eigentlich unzulässig, das Ḥâl von dem Nomen zu trennen, welchem es zur näheren Bestimmung dient (صاحب الحال oder ذو الحال genannt), weil dadurch Zweideutigkeit entsteht, ausser wenn der Hörende mit dem Sachverhältniss ebenso gut wie der Sprechende bekannt ist. Ist Letzteres nicht der Fall, so ist die oben erwähnte freiere Construction unzulässig und incorrect.

4. Bisweilen bezieht sich ein Ḥâl sowohl auf das Subject wie das Object. Sind diese beiden Ḥâl identisch, wie „stehend“ oder „lachend“, auf Subject und Object zugleich bezogen, so kann man nach Belieben sich für eine zwiefache Construction entscheiden: man kann jedes der beiden Ḥâl besonders ausdrücken und das eine auf das Subject, das andere auf das Object beziehen, ohne sich darum zu kümmern, welches von beiden man auf das Subject (oder auf das Object) bezieht, weil hier keine Zweideutigkeit entsteht. Z. B. ضربتُ زيدا قائمًا قائمًا Ich als Stehender habe den Zeid als einen Stehenden geschlagen. Oder, wenn man will, kann man beide Ḥâl verbinden und sagen ضربتُ زيدا قائمَيْن Ich habe den Zeid geschlagen, indem wir beide standen, weil die Uebereinstimmung zwischen Subject und Object im Zustand stattfindet, und das regierende Verbum für beide Ḥâl ein und dasselbe ist. Es ist dann wie wenn man hätte sagen wollen: ضربتُ قائمًا زيدا قائمًا und hätte den Einen Ḥâl-Accusativ im Dual statt der beiden besonderen singularischen gesetzt. Dieselbe Construction findet statt in dem (im Mufaṣṣal citirten) Verse[1]):

> „So oft du mir auch begegnest, so dass wir allein sind, so zittern die Extremitäten deiner Hintertheile und sind voll Schrecken[2]).“

Der Vers ist von ʿAntara; vorangeht:

> „Schüttelt um mich herum dein Hinterer seine Backen (d. i. gehst du um mich herum), dass du mich tödtest? Nun siehe, da bin ich, o ʿOmâra[3])!“

---

1) Die Verse bei Ahlwardt Divans p. 38, Gedicht 11, V. 1 u. 2.

2) Vgl. über تستطارا das im Anhang gegebene Scholion.

3) Der Muḥîṭ-al-Muḥîṭ von El-Bistânî bemerkt unter عمر:
عمارا ترخيم عمارةَ لانّه يهجو به عمارةَ بن زيادٍ العَبْسِيّ.

Die Beweisstelle in dem zuerst citirten Verse ist فَرْدَيْنِ, was Ḥâl zum Subject wie zum Object ist, so dass der Sinn ist: Ich bin allein, und du bist allein. رَوَانِفُ ist der Plural von رَانِفَةٌ was den untersten Theil und den Ausläufer der Hinterbacken bezeichnet, was vom Menschen, wenn er steht, dem Boden am nächsten ist. — Die Form تُسْتَطَارَا lässt verschiedene Deutungen zu. Sie kann erstens durch Wegnahme des Nun abgekürzt sein aus تُسْتَطَارَانِ, so dass das darin liegende Pronomen sich auf روانف bezieht, obgleich Ersteres im Dual und Letzteres im Plural steht, weil روانف dem Sinn nach dualisch ist, da jeder Hinterbacken einen Ausläufer hat. Damit kann die Construction in der Koranstelle (Sure 66. 4) verglichen werden: „Denn euer beider Herzen haben sich zugewandt" (dem, was nicht recht ist). Zweitens kann sich das im Verbum liegende Pronomen auf die beiden Hinterbacken beziehen. Drittens endlich kann das Pronomen das des Singulars sein und sich auf den Angeredeten beziehen, so dass das Alif (in Pausa) an Stelle des energetischen Nun steht und die ursprüngliche Form تُسْتَطَارَنْ ist. Ebenso steht das Alif an Stelle des energetischen Nun in dem Halbvers:

„Betet nicht den Satan an, sondern Gott bete an!" (فَاعْبُدَا) [1])

In den oben citirten Versen redet der Dichter seinen Gegner an und schreibt sich selbst Rauhigkeit zu.

Was die Beispiele betrifft: رأيتُ زيدًا مُصْعِدًا مُنْحَدِرًا und رأيتُ زيدًا ماشِيًا راكِبًا [2]) d. i. ich habe den Zeid gesehen, indem Einer von Beiden hinaufstieg und der Andere hinabstieg, und indem Einer von Beiden zu Fuss ging und der Andere ritt, so ist مصعدا [3]) Ḥâl zu dem im Verbo liegenden Pronomen der ersten Person, und منحدرا Ḥâl zu Zeid, und wie man auch erklären mag, so ist es, vorausgesetzt, dass der Angeredete den Hinaufsteigenden vom Herabsteigenden unterscheidet, einerlei, welchen der beiden Ḥâl-Accusative man voranstellt.

Ein Mensch kann sich in zwei und mehreren Zuständen befinden, weil das Ḥâl (dem Sinne nach) Prädikat ist und Ein Inchoativ zwei und mehr Prädikate haben kann; z. B. dies ist Zeid im Zustand des Stehens, Lachens, Erzählens. Diese Vermehrung der Ḥâl-Accusative ist aber nicht zulässig, wenn dieselben in Gegensatz zu einander stehen; z. B. dies ist Zeid im Zustand des Stehens und (zugleich) des Sitzens. Dieselbe Regel gilt vom Prädikat, so dass man ebensowenig sagen darf: dies ist Zeid, ein Stehender und (zugleich) Sitzender [4]). Wenn man aber beide Zustände in einander verschmilzt,

---

1) Vgl. das Scholion im Anhang.
2) Vgl. das Scholion im Anhang. 3) Anders bei Ibn ʿAḳîl ed. Diet. p. 177.
4) Vgl. die grammatische Erklärung der Construction S. 11.

so dass ein einziger daraus wird, so ist eine Verbindung zweier der Bedeutung nach entgegengesetzter Ḥâl-Accusative ebenso zulässig wie die Verschmelzung zweier Aussagen zu einer einzigen: z. B. diese Speise als sauersüsse, d. i. als eine Speise von gemischtem Geschmack, so dass man beide Zustände zu einer einzigen Bedeutung verschmilzt. Ebenso kann man im Prädikate sagen: Dies ist sauersüss.

Der Verfasser des Mufaṣṣal sagt (S. 28 Z. 1).

10. Das den Ḥâl-Accusativ regierende Wort ist entweder a) ein Verbum und ein ihm ähnliches Qualificativ oder b) ein Ausdruck, welcher Verbalbedeutung [1]) hat. Beispiele für das Letztere:

فيها زيدٌ مُقيمًا Zeid ist in ihm (z. B. im Hause فى الدار) im Zustande des Stehens.

هذا عمرٌو مُنْطَلِقًا dies ist ʿAmr im Zustande des Fortgehens.

ما شَأْنُك قائمًا Was ist dein Vorhaben im Zustande des Stehens?
(d. i. Warum stehst du?)

ما لك واقفًا Was ist dir, dass du stehen bleibst?

Sure 11, 75 spricht Sara هذا بَعْلِى شَيْخًا [2]) dies ist mein Mann als Greis; d. i. dieser mein Mann ist ein Greis.

Sure 74, 50: Was ist ihnen, dass sie sich von der Erinnerung abwenden?

لَيْتَ (utinam), لَعَلَّ (vielleicht), كَأَنَّ (es ist als ob, es scheint) regieren auch das Ḥâl, weil sie Verbalbedeutung haben [3]).

Die [4]) zur ersten Gruppe gehörigen Regentia (unter a) üben ihre Rection auf das Ḥâl aus, mag es ihnen vorangehen oder nachfolgen. Dagegen die der zweiten Gruppe (unter b) regieren das Ḥâl nur, wenn es ihnen nachfolgt. Manche [5]) halten es in dem Beispiel مررتُ راكبا بزيدٍ Ich bei Zeid vorbeigegaggen, indem ich ritt (oder indem er ritt) für unzulässig, راكبا als Ḥâl von زيد anzusehen [6]).

---

1) معنى فعلٍ لحرف الجرّ واسم الاشارة والاستفهام، Glosse des Cod. Muf. Lips.

2) Die Leydener حواشى bemerken: العاملُ فى شَيْخًا هو اسمُ الاشارة وإن جاز ان يعمل فيه هَا لانّ حرف الاشارة أقربُ العاملَيْن وهم يُعْمِلون الاقربَ، Vgl. ausserd. d. Schol. im Anh.

3) فلَيْتَ بمعنى أَتَمَنَّى ولَعَلَّ أَتَرَجَّى وكَأَنَّ أُشَبِّهُ، Glosse des C. Muf. Lips.

4) Vgl. Ibn ʿAḳîl p. 175 f. zu v. 343—346.

5) Vgl. Ibn ʿAḳîl p. 174 zu v. 340.

6) لانّ ذا الحال الذى هو بزيد لمّا امتنع تقديمُه على الجارّ امتنع تقديمُ ما هو فرعٌ عليه وتَبَعٌ له وذَيْلٌ، Glosse des Cod. Muf. Wetzst. Vgl. auch die Scholien im Anh.

Der Commentator sagt: Das Ḥâl muss nothwendig ein Regens haben, da es durch Flexion zu Stande kommt und alles Flectirte ein Regens hat. Dies Regens, von welchem das Ḥâl abhängt, ist entweder ein Verbum oder ein Nomen, welches Verbalrection hat, oder ein Ausdruck, in welchem Verbalbedeutung liegt, weil das Ḥâl wie die Zeit- und Ortsbestimmung angesehen wird. Ein Beispiel für das Regens, wenn es ein Verbum ist, ist folgendes: Zeid ist gekommen als Lachender. „Zeid“ steht hier im Nominativ als Subject; „als Lachender“ ist Ḥâl dazu, und das Wort, welches beide regiert, ist das Verbum des Satzes جاء er ist gekommen. Denn das Ḥâl ist von Seiten der Bedeutung ein Qualificativ; darum gilt für dasselbe ebendieselbe Bedingung wie für die Qualificative, dass sie nämlich abgeleitet sein müssen, wie „schlagend“, „geschlagen“ und ähnliche. Wie also das Qualificativ durch das Regens desjenigen Wortes, welchem es zur Beschreibung dient, regiert wird, ebenso wird das Ḥâl regiert durch das Regens desjenigen Nomens, welchem es zur näheren Bestimmung dient, nur dass die Rection auf das Ḥâl so ausgeübt wird, dass dasselbe als ein für die integrirenden Bestandtheile des Satzes überflüssiges Satzglied erscheint, weil es als Object angesehen wird, während das Qualificativ zur nothwendigen Ergänzung seines Nomen dient, da es dasselbe erklärt und insofern, ähnlich wie der Artikel, eine Determination zu Stande bringt. Dies ist einer der Unterschiede zwischen Qualificativ und Ḥâl, welcher näher darin besteht, dass das Qualificativ zwischen zwei Nominibus unterscheidet, welche dem Wortausdruck nach identisch sind, während das Ḥâl etwas für den (zum Satzbau nothwendigen) Sinn und die Aussage Ueberflüssiges enthält (und steht), wenn auch kein anderes Nomen mit dem ذو الحال dem Wortlaut nach zusammenfällt. Wenn man z. B. sagt: Ich bin bei Zeid, dem Stehenden, vorbeigegangen, so wird dabei nothwendig vorausgesetzt, dass es unter den Menschen einen anderen Mann Namens Zeid giebt, welcher nicht steht, und so unterscheidet man durch das Qualificativ „der Stehende“ zwischen ihm und einem Andern, welcher denselben Namen trägt, aber nicht steht. Dagegen sagt man: مررتُ بالفَرَزْدَقِ قائمًا Ich bin bei El-Farazdaḳ vorbeigegangen, indem er stand, wenn auch kein Anderer vorhanden ist, welcher El-Farazdaḳ heisst. Hier ist zu dem Prädikat „vorbeigehen“ ein anderes Prädikat hinzugefügt, welches damit verbunden ist und eine besondere Bedeutung hat, nur dass das Prädikat „vorbeigehen“ nothwendig ist, weil der Satz dadurch zu Stande kommt, das Prädikat „Stehen“ dagegen etwas für den Satzbau (nach seinen nothwendigen Elementen) Ueberflüssiges ist, was auch fortbleiben kann. S. ٣

Beispiele von Nominibus, welche Verbalrection haben, sind das Nomen agentis, das Nomen patientis und das Qualificativ, welches dem Nomen agentis ähnlich ist; z. B. زيدٌ ضاربٌ عمرا قائمًا Zeid schlägt den ʿAmr, indem er steht. Hier ist قائما Ḥâl von عَمْرٌو, und das Regens desselben ist das Nomen agentis. Ein Beispiel für das S. ٥

Nomen patientis ist: زيدٌ مضروبٌ قائما Zeid wird geschlagen als Stehender. قائما ist hier Ḥâl von dem im Nomen patientis liegenden Pronomen und wird regiert von مضروبٌ. Ein Beispiel für das Qualificativ: زيدٌ حسنٌ قائما Zeid ist schön im Zustand des Stehens. قائما ist hier Ḥâl von dem in حسنٌ liegenden Pronomen der dritten Person sing. und wird von diesem Qualificativ regiert, weil dasselbe einem Nomen agentis gleicht nach der Auseinandersetzung, welche später folgen wird [1]).

11. Beispiele für das Regens des Ḥâl, wenn es Verbalbedeutung hat, sind folgende: زيدٌ فى الدار قائما Zeid (befindet sich) im Hause als Stehender. قائما ist hier Ḥâl von dem Pronomen der dritten Person sing., welches in der Präposition mit ihrem Nomen (فى الدار) liegt. Dieses فى الدار regiert das Ḥâl, weil es die Stelle des Verbalbegriffs „bleiben, sich befinden" vertritt. Regens des Ḥâl ist also hier ein Verbalbegriff, weil ein Verbum dem Wortlaut nach sich nicht vorfindet. So ist zu construiren, wenn man فى الدار als Ortsbestimmung für Zeid und als ihm zukommend ansieht; sieht man es aber als Ortsbestimmung zum Nomen agentis an, so muss man قائمٌ als Aussage in den Nominativ setzen und فى الدار für eine davon abhängige Dependenz halten und construiren زيدٌ فى الدار قائمٌ Zeid (ist) ein Stehender im Hause.

Ist das Regens des Ḥâl ein Verbum, so ist es zulässig, das Ḥâl demselben voranzustellen [2]). Man kann dann ebensogut sagen جاء زيدٌ قائما wie جاء قائما زيدٌ [3]). Alles dies ist zulässig wegen der Rectionsstärke des Verbums. Ebenso ist die Voranstellung des Ḥâl zulässig, wenn es von Qualificativen regiert wird, welche dem Verbum ähnlich sind. Man kann also ebensogut sagen زيدٌ ضاربٌ عمرًا قائما (Zeid schlagend den ʿAmr im Zustand des Stehens) wie قائما زيدٌ ضاربٌ عمرًا. Dieselbe Freiheit in der Wortstellung findet Statt, wenn das Regens des Ḥâl ein Nomen patientis oder ein Qualificativ ist, welches dem Nomen patientis ähnlich ist. Für alle diese Wortklassen gilt eine und dieselbe Regel.

.U. Wird das Ḥâl dagegen regiert von einem Ausdruck, welcher nur Verbalbedeutung hat, ohne dem Wortlaut nach ein Verbum oder ein dem Verbum ähnliches Nomen zu sein, so ist die Voranstellung des Ḥâl vor sein Regens nicht zulässig. So in den Beispielen فيها زيدٌ مقيمًا In ihr (ist) Zeid als Stehender; عندك عمرٌو جالسًا Bei dir (ist) ʿAmr als Sitzender. Im ersten Beispiel steht زيدٌ als Inchoativ im Nominativ; فيها ist das Prädikat dazu, welches vorangestellt ist, und مقيما ist Ḥâl zu dem in فيها

---

1) Vgl. Mufaṣṣ. S. 101. Z. 5 ff. 2) Vgl. dazu das Scholion im Anhang.

3) Man erwartet قائما جاء زيدٌ. Vgl. das Beispiel bei Ibn ʿAḳîl p. ١٧٥ Z. 3 v. u.

liegenden Pronomen der dritten Person sing. Regiert wird das Ḥâl von فيها, was an Stelle des Verbi اِسْتَقَرَّ (er verweilt) steht. Im zweiten Beispiel ist عندك Ortsbestimmung, in den Accusativ gesetzt durch das zu ergänzende Regens استقرّ, ebenso wie im ersten Beispiel فيها. Diese Ortsbestimmung mit dem darin liegenden Pronomen der dritten Person sing. steht (bei Auslassung des Verbi) virtuell als Prädikat im Nominativ, ohne eigentlich Prädikat zu sein. Denn das Prädikat ist ein Einzelwort (während in unseren Beispielen فيها und عندك aus der Präposition und dem davon abhängigen Pronomen zusammengesetzt sind) und steht nicht als erstes Wort im Satze (wie hier فيها und عندك).

Man kann also nur sagen, dass die Ortsbestimmung in unseren Beispielen virtuell an Stelle des Prädikats stehe. Da dem so ist, so ist das Regens hier ein Verbalbegriff, aber nicht ein Verbum dem Wortlaut nach, weil letzteres im Satz nicht vorzufinden ist. Darum darf man nicht sagen مقيمًا فيها زيدٌ mit Voranstellung des Ḥâl, da das Regens etwas rein Begriffliches (ein Verbalbegriff) ist, ohne dem Wortlaut nach ausgedrückt zu sein. Dies ist die Lehre des Sibaweihi, wonach das Nomen (زيدٌ) durch das Inchoativ-Verhältniss in den Nominativ gesetzt wird. Dagegen behaupten die Kûfenser, dass das Nomen durch die Ortsbestimmung in den Nominativ gesetzt wird, wenn dieselbe vorangeht; folgt sie aber nach, so wird nach ihnen das Nomen durch ein in der Ortsbestimmung liegendes im Nominativ stehendes Pronomen in den Nominativ gesetzt. Der Grund, welchen Sîbaweihi anführt, ist, dass إِنَّ oder أَنَّ und ähnliche Partikeln, welche ein Inchoativ regieren, das Nomen nach der Ortsbestimmung in den Accusativ setzen; z. B. إِنَّ فى الدار زيدًا. Wenn nun die Ortsbestimmung فى الدار vor dem Hinzutreten von إِنَّ Zeid in den Nominativ setzte, so würde إِنَّ, wenn es hinzutritt, die Rection derselben nicht aufheben, ebensowenig wie das Hinzutreten von أَنَّ in der Verbindung أَنْ يقومَ زيدٌ die Rection, welche يقوم auf زيدٌ ausübt, aufhebt; sondern man sagt أَنْ يقومَ زيدٌ, ebenso in unserem Fall إِنَّ فى الدار زيدًا. Was ferner auf die Unrichtigkeit der Behauptung der Kûfenser hinweist, ist ihre Uebereinstimmung darüber, dass man sagen darf فى داره زيدٌ. Würde nun in diesem Beispiel زيدٌ durch die Ortsbestimmung in den Nominativ gesetzt, so wäre die Construction unrichtig, weil in dem Satz فى داره زيدٌ das auf زيدٌ bezügliche Pronomen vor زيدٌ vorkommt. Denn die Ortsbestimmung nimmt, wenn زيدٌ als Rectum davon abhängt, den Platz im Satze ein, welcher ihr nach der Wortstellung zukommt und kann nicht als nach dem locus grammaticus nachgestellt angesehen werden (in welchem Falle es zulässig wäre, das auf Zeid bezügliche Pronomen dem Wortlaut nach vor زيدٌ zu setzen). Dagegen halten

Sîbaweihi und seine Genossen die Construction في داره زيدٌ für zulässig, weil sie في داره für die Aussage ansehen, welche nach freierer Construction vor das Inchoativ gestellt ist [1]). Dann gehört في داره nach der grammatischen Intention hinter زيدٌ (und das Pronomen in في داره folgt nach der Construction auf das Nomen, auf welches es sich bezieht). Nach dieser Ansicht gehört die Ortsbestimmung zu زيدٌ und hängt von einem zu ergänzenden إستقرّ ab, wie wir oben gezeigt haben. Es ist aber auch zulässig, قائما als Aussage in den Nominativ zu setzen und die Ortsbestimmung darauf zu beziehen und davon abhängig zu denken, nicht von einem zu ergänzenden Verbum.

7.U. Hierher gehört auch der Ausdruck هذا عمروٌ مُنْطَلِقًا Dies ist ʿAmr im Zustande des Fortgehens. هذا ist hier Inchoativ, عمروٌ Aussage, und منطلقا steht als Ḥâl im Accusativ. Regiert wird Letzteres entweder durch die Partikel der Erweckung der Aufmerksamkeit ها oder durch das Demonstrativum ذا. Wenn man Erstere als das Regens ansieht, so ist der Sinn: Blicke auf ihn hin oder achte auf ihn als auf einen Fortgehenden. Sieht man dagegen das Demonstrativum als Regens an, so ist der Sinn: Ich weise auf ihn hin als auf einen Fortgehenden, und der Zweck des Ausdrucks ist der Wunsch, den Angeredeten auf ʿAmr im Zustand seines Fortgehens aufmerksam zu machen. Darum ist die Setzung von منطلقا nothwendig, weil dadurch erst der Zweck der Rede erreicht wird, und man nicht die Absicht hat, den Angeredeten mit der Person des ʿAmr bekannt zu machen, wobei man voraussetzen würde, dass der Angeredete ihn nicht kennt, wie man sagt: Dies ist Abdallah, wenn man diesen Sinn ausdrücken will. Es liegt hier nicht fern anzunehmen, dass das Ḥâl für den Satz nothwendig ist, wie öfter mit dem Nomen und der Aussage ein Satztheil verbunden wird, welcher keins von beiden und doch für den Satz unentbehrlich ist. So in der Koranstelle (Sure 112, 4): Keiner ist ihm (Gott) gleich. لَهُ ist hier weder إِسْمُ كَانَ noch Aussage; dessenungeachtet würde die Rede tadelnswerth sein, wenn es fehlte. Denn sie bildet als Satz ein Copulativ zur vorhergehenden Aussage (لم يَلِدْ ولم يُولَدْ); daher muss sie nothwendig ein auf das Vorangehende rückbezügliches Pronomen enthalten, welches eben لَهُ ist; denn fehlte dieses, so würde der Aussagesatz [2]) ohne rückbezügliches Pronomen sein. Dergleichen Beispiele giebt es viele.

Z. 4. Wenn man einwendet, dass bei der Annahme, dasselbe Wort, welches das Ḥâl regiert, regiere auch das Nomen, welchem das Ḥâl zur näheren Bestimmung dient, in

---

1) Vgl. Mufaṣṣal p. 11 Z. 10 u. 11 mit dem Commentar des Ibn Jaʿîś.

2) d. i. der die Aussage bildende Satz.

dem Satze هذا زيدٌ مُقِيمًا, in welchem مقيما Hâl zu زيدٌ ist, das Inchoativ-Verhältniss, welches زيدٌ als Aussage regiert, auch das Hâl مقيما regieren müsste, während doch das Inchoativ-Verhältniss keinen Accusativ regieren kann; so diene zur Antwort, dass solche Sätze nach ihrem Sinn, nicht nach dem Wortlaut zu erklären sind, wie wenn es hiesse: „Ich weise auf ihn hin" oder „Achte auf ihn!" nach unserer oben gegebenen Erklärung. زيدٌ ist also mit Rücksicht auf den Sinn Object, mit welchem das Verbum durch eine Präposition verbunden wird (هذا زيدٌ مقيما s. v. w. أُشِيرُ الى زيدٍ مقيما oder إِنْتَبِهْ لِزيدٍ مقيما), und die Construction ist dann dieselbe wie in dem Satze مررتُ بزيد قائما.

In dem Satze هذا عبدُ الله منطلقا kann منطلقٌ auch im Nominativ stehen. S. v Sîbaweihi hält diese Construction für gut arabisch, und Jûnus und Abûl-Chaṭṭâb berichten, dass sie von Arabern gebraucht werde, in deren Sprachgebrauch man Vertrauen setzen dürfe. Dieser Nominativ kann verschieden erklärt werden. Erstens kann man, wenn man sagt هذا عبدُ اللّه منطلقٌ, annehmen, dass هذا oder هو im Sinne behalten ist, wie wenn man hätte sagen wollen: dieser oder er ist fortgegangen. Zweitens kann man عبدُ الله sowohl wie منطلقٌ als Prädikate von هذا ansehen, wie wenn man sagt: dies ist sauer-süss, ein Ausdruck, durch welchen man nicht die Süssigkeit als verringert darstellen will, sondern nur dies, dass zwei Arten des Geschmackes verbunden sind. Hierher gehört auch die Koranstelle (Sure 70, 15. 16): „Vielmehr, es (das Höllenfeuer) ist eine Flamme, eine Ergreiferin der Kopfhaut." Drittens kann man عبدُ الله als Copulativ zu هذا ansehen, und zwar als Copulativ der Erklärung, welches wie ein Qualificativ gebraucht ist, und es ist dann wie wenn man sagte: ʿAbdallah ist fortgegangen. Viertens endlich kann man منطلقٌ als Permutativ von عبدُ اللّهِ ansehen, wie wenn man hätte sagen wollen: dies ist ʿAbdallah, ein fortgegangener Mann. „Mann" ist hier Permutativ von ʿAbdallah, und zwar ein indeterminirtes Permutativ zu einem determinirten Wort [1]; dann ist das Nomen (Mann) weggefallen, und das Qualificativ (fortgegangen) ist an seine Stelle getreten.

Was ferner die Ausdrücke betrifft: ما شَأْنُكَ قائمًا Welches ist dein Vorhaben als S. v Stehender? und ما لكَ واقفًا Was ist dir, dass du stehen bleibst? so ist مَا Fragewort und steht der Construction nach als Inchoativ im Nominativ; شَأْنُكَ ist dann Prädikat. Oder شَأْنُكَ ist Inchoativ, ما vorangestelltes Prädikat und قائما Hâl. Letzteres wird

1) Vgl. Mufaṣṣal p. 49 Z. 4 v. u.

regiert von شأنك, weil dieses soviel heisst wie: Was thust du? oder Was machst du dir zu schaffen in diesem Zustand? Es ist dann, wie wenn der Zustand etwas ist, was der Sprechende von der Lage des Gefragten kennt, welcher Letztere durch das ك in شأنك ausgedrückt ist, und wie wenn der Fragende den Gefragten nach seiner Lage in diesem Zustand frägt. Bisweilen liegt auch in dieser Frage eine Missbilligung des Stehens, und man frägt dann nach dem Grunde, welcher dazu veranlasst hat, so dass die Frage soviel heisst wie: Warum stehst du?

Auf diese Weise kann auch die Koranstelle (Sure 74, 50) erklärt werden: „Was ist ihnen, dass sie sich von der Erinnerung abwenden?" wie wenn er ihr Abwenden hätte missbilligen und sie bedrohen wollen ob des Grundes, welcher sie zum Abwenden veranlasst, und diese Missbilligung in Form einer Frage ausgedrückt hätte. Das andere Beispiel ما لك قائمًا ist ebenso zu erklären wie das eben erläuterte: ما شأنك قائمًا, so dass „Was ist dir" als identisch gefasst wird mit „Was thust du?"

Was endlich den Satz betrifft مررتُ بزيدٍ راكبًا[2]) nach der Fassung von راكبًا als Ḥâl zu زيد (Ich bin bei Zeid vorbeigegangen, indem er ritt), so ist eine solche Construction ohne Bedenken zulässig, weil das Ḥâl ebensogut zur näheren Bestimmung eines im Genetiv, wie eines im Accusativ stehenden Nomen dienen kann, wenn das Regens nach dem locus grammaticus ein Verbum ist. Stellt man dagegen das zur näheren Bestimmung eines im Genetiv stehenden Nomen dienende Ḥâl vor die Präposition mit ihrem Nomen, wie in مررتُ راكبًا بزيدٍ, vorausgesetzt, dass hier راكبًا Ḥâl zu Zeid sein soll, so halten Sibawaihi und Abu Bekr Ibn-us-Sarrâǵ eine solche Construction für unzulässig. Denn zwar ist das Regens ein Verbum, aber es regiert dasjenige Nomen, welchem das Ḥâl zur näheren Bestimmung dient, nur durch Vermittlung einer Präposition, und darum ist es unzulässig, dass es auf das Ḥâl vor Setzung dieser Präposition Rection ausübt. Denn ebensowenig wie die Voranstellung desjenigen Wortes, welchem das Ḥâl zur näheren Bestimmung dient, vor die Präposition zulässig ist, ebenso wenig darf das Ḥâl selber vor der Präposition stehen. Ibn Keisân dagegen hat es als rechtmässige Construction gestattet, da das Ḥâl in unserem Satze von einem eigentlichen Verbum regiert wird.

Der Verfasser des Mufaṣṣal sagt[1]) (p. 28 Z. 6):

Bisweilen steht das Nomen verbi als Ḥâl[2]), wie hinwiederum auch das Qualificativ an Stelle des Nomen verbi gebraucht wird[3]). Letzteres in den Beispielen قُمْ قائمًا[2]) s. v. w. قُمْ قِيامًا Stehe ein Stehen! Ferner in dem citirten Halbvers, über welchen vgl. den Commentar.

1) Vgl. Ibn 'Aḳîl p. 172 zu V. 337. 2) Vgl. die Scholien im Anhang.

3) بين الصفة والمصدر مناسبةٌ من حيث انّها مشتقّةٌ منه ولذا جاز قيامُ كلّ واحدٍ منهما مقامَ الاخَرِ C. Muf. W.

Beispiele für das Nomen verbi als Hâl:

قتلتهُ صَبْرًا Ich tödtete ihn als ein Binden, d. i. als einen Gebundenen, oder nachdem ich ihn gebunden hatte; soviel wie مَصْبُورًا.

لَقِيتُهُ فُجاءةً Ich traf ihn unversehens (eigentlich: als ein Ueberraschen), soviel wie مُفاجِئًا indem ich ihn überraschte.

لقيتُه عِيانًا Ich traf ihn als ein Sehen, d. i. so dass ich ihn sah, soviel wie مُعايِنًا.

لقيتُه كِفاحًا[1] Ich begegnete ihm in persönlicher Berührung.

كلّمتُه مُشافَهَةً Ich sprach mit ihm so, dass unsere Lippen sich berührten.

أَتَيْتُهُ رَكْضًا Ich kam zu ihm im Eilschritt.

أَتَيْتُهُ عَدْوًا Ich kam zu ihm gelaufen.

أَتَيْتُهُ مَشْيًا Ich kam zu ihm in (langsamem) Schritt.

أَخَذْتُ عَنْهُ سَمْعًا[2] Ich habe es von ihm selbst gehört (eig.: ich habe es von ihm erhalten in der Weise des Hörens).

In derselben Weise wie die Nomina verborum der drei ersten Beispiele sind die der übrigen zu erklären. Nach Sibawaihi ist diese Construction aber nicht normal, und er tadelt Beispiele wie أَتانا رُجْلَةً Er ist zu uns zu Fuss gekommen, und أَتانا سُرْعَةً Er ist zu uns schnell gekommen, in welchen Nomina verborum in der Weise des Ḥâl gebraucht sind. El-Mubarrad dagegen hält diese Construction da für zulässig, wo die Bedeutung des Hauptverbi auf die des Nomen verbi hinweist (ihr homogen ist).

Der Commentator sagt: Bisweilen steht das Nomen verbi an Stelle des Ḥâl, S. ٨ wie in den im Text des Mufaṣṣal citirten Beispielen, welche zu erklären sind: Ich bin zu ihm gekommen als schnell Laufender; ich habe ihn getödtet als einen Gebundenen, vorausgesetzt, dass das Ḥâl zur näheren Bestimmung des Suffixi der dritten Person dient; ist es dagegen Ḥâl zu dem im Verbum liegenden Pronomen der ersten Person, so ist zu erklären: Ich habe ihn getödtet, nachdem ich ihn gebunden hatte. Ferner ist zu erklären: Ich traf ihn, indem ich ihn überraschte; ich traf ihn, so dass ich ihn sah; ich sprach mit ihm, indem ich mit meinen Lippen die seinigen berührte. Diese Nomina

---

1) كِفاحًا erklärt eine Glosse des C. Muf. Lips. durch مواجَهةً احدُ العَدُوّين الآخَرَ فى الحرب؛ Der Muḥîṭ-al-Muḥîṭ: فى حديث جابرٍ انّ اللّه كلّم أباك كِفاحًا قيلَ اى مُواجَهةً ليس بينهما حجابٌ ولا رسولٌ؛

2) اخذتُ عنه سَمْعًا اى أخذتُ عنه الكلامَ حالَ كَوْنى سامِعًا لا برسالةِ احدٍ او بواسطة احدٍ؛ Glosse des Cod. Muf. Lips.

verborum und andere ihnen ähnliche stehen an Stelle von Qualificativen und werden als Hâl-Accusative angesehen, wie hinwiederum auch bisweilen das Qualificativ an Stelle des verstärkenden Nomen verbi steht; z. B. قُمْ قائمًا statt قُمْ قِيَامًا. Denn das Nomen agentis kann hier nicht nach seiner äusseren Form als partic. act. beurtheilt werden, so dass es Hâl sein könnte[1]), weil man nicht eine Handlung Einem befiehlt, welcher schon in derselben begriffen ist (in unserem Beispiel nicht das Stehen Einem, welcher schon steht, wie wenn man sagt قُمْ قائمًا. Da dies hier bei wörtlicher Auffassung der Fall sein würde, so ist das Nomen agentis قائمًا als stellvertretend für das Nomen verbi قِيَامًا aufzufassen.) Dieselbe Construction findet sich in den Versen des El-Farazdak[2]): „Hast du nicht gesehen, dass ich dem Herrn in der Weise des Schwurs zugesagt habe, stehend zwischen dem Thor der Ka'ba und dem Platze Abrahams, dass ich niemals einen Gläubigen schmähen will, und dass aus meinem Munde kein Lügenwort kommen soll"[3]). (Ṭawîl).

Die Beweisstelle darin ist der Accusativ in خارِجًا مِن فِيَّ زُورُ كلامِ. Der Accusativ steht, weil خارجا an Stelle des Nomen verbi steht, welches selbst an Stelle des Verbi finiti steht. Es ist also zu construiren: Ich habe dem Herrn zugesagt, nicht soll aus meinem Munde ein Lügenwort herausgehen ein Herausgehen (يخرجُ خُرُوجًا). Man kann aber auch annehmen, dass لا خارجا Hâl ist, und dass zu erklären ist: Ich habe dem Herrn zugesagt als ein Nicht-Schmähender und als ein solcher, dem kein Lügenwort entfahren wird; d. i. ich habe ihm zugesagt als ein die Wahrheit Redender. Dies ist die Meinung des 'Îsa Ibn 'Amr. Der Sinn der Verse ist, dass der Dichter schwört, abzulassen von der Satire und vom Schmähen keuscher Frauen und dies Gott zusagt zwischen dem Thor der Ka'ba und dem Platze Abrahams, über welchem Gottes Segnungen ruhen mögen! Die erste der beiden so eben entwickelten Erklärungen der Construction des Verses ist die des Sibaweihi; doch ist diese Construction nicht regelmässig und allgemein verbreitet, vielmehr wird sie nur insoweit gebraucht, wie der wirkliche Usus der Araber reicht, über welchen man nicht hinausgehen darf, weil es eine Construction ist, welche an Stelle einer anderen getreten ist. Ebenso darf der Gebrauch der accusativischen Nomina verborum سَقْيًا ورَعْيًا[4]) (eig. Bewässerung und Behü-

---

1) لا يستقيم ان يكون قائما حالا لانّ الحال تقييدٌ والقائمُ لا يصلح مقيِّدا للقيام، Glosse des C. Muf. Lps. (تقييدٌ ist Beschränkung des Verbalbegriffs auf einen der Zustände des ذو الحال).

2) Vgl. Fleischer Beiträge zur arab. Sprachkunde IV. p. 330 f.

3) Vgl. die Anmerkung im Anhang. 4) Vgl. Mufaṣṣ. p. 17. Z. 2. u. 3.

tung! d. i. möge Gott dich segnen und behüten!) حَمْدًا (Preis sei Gott!), bei welchen die Verba finita im Sinne behalten sind, nicht zur allgemeinen Norm erhoben werden, so dass man sagen könnte طَعامًا وشَرابًا Essen und Trinken! (d. i. Iss und trink!) mit derselben Auslassung der Verba finita. — 'Abul-'Abbâs dagegen hält den Gebrauch des Nomen S. 9 verbi als Ḥâl überall da für zulässig, wo das Verbum finitum auf das Nomen verbi hinweist[1]) (ihm homogen ist). So darf man nach ihm sagen: أَتانا رُجْلَةً Er kam zu uns zu Fuss, und أتانا سُرْعَةً Er kam zu uns eilig, aber nicht أتانا ضَرْبًا Er kam zu uns schlagend, und أتانا ضَحِكًا Er kam zu uns lachend. Denn das Schlagen und Lachen gehört nicht zu den Arten des Gehens, weil das Gehen in ein schnelles und langsames und ein zwischen diesen beiden in der Mitte stehendes eingetheilt wird, andrerseits in ein Gehen zu Fuss und zu Pferde, aber nicht in Schlagen und Lachen. Es ist nach seiner Meinung in solchen Fällen, wie wenn man sagen würde, dass der Accusativ مَشْيًا und andere ihm ähnliche von einem im Sinne behaltenen Verbum abhängen, und es hiesse: أتانا يَمْشِي مَشْيًا[2]) Er kam zu uns, indem er langsamen Schrittes ging. Das Richtige ist die Ansicht des Sibaweihi, welcher auch Ez-Zağğâğ zustimmt, weil der Ausdruck أتانا مشيا als Antwort auf die Frage steht: Wie ist Zeid zu euch gekommen? (und weil daher مشيا hier als Ḥâl steht, und nicht als allgemeines Object, مفعول مُطْلَق, wie es Abul-'Abbâs fasst). Was ferner auf die Richtigkeit der Ansicht des Sibaweihi hinweist, ist der Umstand, dass man nicht sagen darf أتانا زيدٌ المَشْيَ mit Determination von مَشْيٌ (und somit مشيا Ḥâl sein muss). Dagegen müsste es zulässig sein, wenn man die Lehre des Abul-'Abbâs als Norm zu Grunde legt (welcher مشيا als allgemeines Object fasst), weil dann erklärt werden könnte: أتانا زيدٌ يمشى المَشْيَ Zeid kam zu uns, indem er das langsame Gehen ging, wie man auch sagt أَرْسَلَهَا العِرَاكَ Er schickte sie zur Tränke, weil zu erklären ist: أرسلها تَعْتَرِكُ العراكَ (Vgl. Muf. p. 28 Z. 7 U. mit Commentar). — Es-Seirâfî ist der Ansicht, dass مشيا in dem Aus- S. 9 druck أتانا زيدٌ مشيا als verstärkendes Nomen verbi[3]) gefasst werden könne, regiert

---

1) Während Sibaweihi sowohl den Gebrauch des Nomen agentis als stellvertretend für ein verstärkendes Nomen verbi (wie in den citirten Versen) als auch den Gebrauch des Nomen verbi als Ḥâl ausschliesslich auf die dem wirklichen Sprachgebrauch angehörenden Beispiele beschränkt.

2) so dass der ganze Satz يمشى مَشْيًا als Ḥâl und مشيا als مفعول مُطْلَق steht.

3) d. i. als مفعول مُطْلَق.

von أتانا [1]), weil das langsame Gehen (مَشْى) eine Art des Gehens überhaupt ist. مَشْى würde dann zu denjenigen (verstärkenden) Nominibus verborum gehören, welche nicht von der Wurzel des verbi finiti abgeleitet sind, wie solche Nomina verborum vorkommen in Beispielen wie أَعْجَبَنِى حُبًّا [2]) Er setzte mich in Verwunderung ein Lieben[2a]); كَرِهْتُهُ بُغْضًا Ich bin ihm abgeneigt ein Hassen; تَبَسَّمَتْ وَمِيضَ البَرْقِ Sie lächelte ein Aufleuchten des Blitzes. Diese Auffassung wäre befriedigend, wenn nicht die Bestimmung des Zamachšarî, dass solche als Ḥâl gebrauchten Nomina verborum stets indeterminirt stehen, auf die Schwäche derselben hinwiese. Denn wenn diese Infinitive als (verstärkende) Nomina verborum ständen, wie Es-Seirâfî behauptet, so würde kein Grund vorliegen, weshalb sie nicht auch determinirt vorkommen sollten.

Der Verfasser des Mufaṣṣal sagt[3]) (p. 28 Z. 11):

Diejenigen Nomina, welche nicht Qualificative oder Nomina verborum sind, stehen an Stelle dieser beiden, wenn sie als Ḥâl gebraucht werden[4]); z. B.

هذا بُسْرًا أَطْيَبُ منه رُطَبًا Diese (Dattel) ist unreif besser als reif[7]).

جاء البُرُّ قَفِيزَيْنِ وصاعَيْنِ [5]) Der Weizen ist angekommen, je zwei قفيز für einen Dirhem, und je zwei صاع (Maasse) für einen Dirhem.

كَلَّمْتُهُ فَاهُ الى فِىَّ [6]) Ich habe mit ihm gesprochen, sein Mund zu meinem Mund.

بايَعْتُهُ يَدًا بِيَدٍ [6]) Ich habe mit ihm ein Geschäft gemacht, Hand (des Käufers) an Hand (des Verkäufers), d. i. für baare Zahlung.

بِعْتُ الشَاءَ شاةً ودرهمًا Ich habe die Schafe verkauft, jedes für einen Dirhem.

بَيَّنْتُ له حِسابَه بابًا بابًا Ich habe ihm seine Rechnung klar gemacht Stück für Stück[7]).

f. Bulāq. o Z. 14 مرّ رسول الله بمنازل الأنصار منزلا منزلا

Der Commentator sagt: Dieser Abschnitt fasst Punkte aus verschiedenen Capiteln zusammen; aber sie alle werden durch den Umstand zusammengehalten, dass die als

1) ohne Ergänzung eines يمشى, wie es Âbul-ʿAbbâs erklärte.

2) Vgl. Mufaṣṣal p. 16 Z. 13 ff. 2a) s. v. w. Er liebte mich ein Lieben.

3) Vgl. Ibn ʿAḳîl p. 170 zu V. 333-335. 4) Vgl. Ibn ʿAḳîl p. 176 zu V. 347.

5) الأَولَى ان يُجعَل خبرا وجاء بمعنَى صَارَ بدلالةِ ان الحال فضلةٌ وقفيزين هنا ليس فضلةً الّا ان يُجْعَل جاء بمعنَى حصل اى حصل البرُّ فى هذه الحال؛ Glosse des C. Muf. L.

6) كلّمتُه فاه الى فِىَّ تحقيقُه (im Ms. تخفيفه) كلّمتُه صاحبَ فَمٍ مضمومٍ الى فِىَّ فحُذف المضاف وأقيم فَمٌ الذى هو مضافٌ اليه مقامَه وكذلك بِعْتُه [يَدًا بِيَدٍ اى] صاحبَ يَدٍ ملتبِسةٍ بيَدٍ اى أُعْطِى شاةً وآخُذُ درهمًا؛ C. Leyd. 7) Vgl. dazu die Scholien im Anh.

Ḥâl stehenden Wörter Substantiva, nicht Qualificativa sind. Dahin gehört der Ausdruck: هذا بُسْرًا أَطْيَبُ منه تَمْرًا Dies ist als unreife Dattel besser denn als reife. هذا ist hier Inchoativ, بُسْرًا Ḥâl, und أطيبُ منه ist Aussage vom Inchoativ. بُسْرًا und تَمْرًا sind Zustände, in welchen sich dasjenige befindet, worauf هذا hinweist, aber zu zwei verschiedenen Zeiten, weil in dem Ausdruck liegt, dass die Sache, wie sie zu einer bestimmten Zeit beschaffen war, sich selbst im Zustand zu einer anderen Zeit übertrifft. Die Zeit, in welcher dieses Uebertreffen stattfindet, kann vergangen oder zukünftig sein, und nothwendig muss eine Partikel im Sinne behalten sein, welche nach Maassgabe des Zusammenhangs auf die Vergangenheit oder auf die Zukunft hinweist. Ist diese Zeit vergangen, so ergänzt man إِذْ, und ist sie zukünftig, so ergänzt man إِذَا. Die Hinweisung auf die Zeit geschieht so, dass der Zustand kein momentaner ist. Das Ḥâl in dem angeführten Beispiel wird von einem im Sinne behaltenen كَانَ regiert, in welchem ein auf das Inchoativ sich zurückbeziehendes Pronomen liegt. Dieses كان ist S. ١٠
das vollständige, nicht das unvollständige; denn wenn es letzteres wäre, so würde ein determinirtes Nomen als Aussage davon abhängen können und man sagen können: هذا البسرَ أطيبُ منه التمرَ, weil كان das determinirte Nomen ebensogut regiert wie das indeterminirte. Da es nun in unserem Fall nur ein indeterminirtes Nomen regiert, so erhellt daraus, dass كان hier das vollständige ist, und dass die in dem Beispiel vorkommenden beiden Nomina als Ḥâl, nicht als Aussagen von كان im Accusativ stehen. Die beiden (durch إذا كان oder إذ كان zu ergänzenden) Temporalsätze werden regiert durch die Begriffe, welche die Bedeutung des Comparativs in sich schliesst. Es ist zulässig, dass der Comparativ die beiden Temporalsätze regiert, weil er zweierlei in sich schliesst, einen Verbalbegriff und ein Nomen verbi. Denn wenn man sagt: Zeid ist vortrefflicher als ʿAmr, so ist der Sinn: Seine Vortrefflichkeit übertrifft ihn[1]), und sowohl das Verbum wie das Nomen verbi kann Rection ausüben. Abu ʿAli ist der S. ١٠
Ansicht, dass das erste Ḥâl regiert werde von dem Begriff der Hinweisung und der Erweckung der Aufmerksamkeit, welcher in هذا liegt, das zweite dagegen vom Comparativ. Seine Exposition ist folgende. بسرا muss entweder regiert werden von هذا oder von أطيب oder von einem zu ergänzenden اذ كان oder اذا كان. Nun kann das Regens nicht der Comparativ أطيب sein, weil das davon abhängige Wort بسرا dann demselben voranginge, und die Comparativa nicht die Kraft der Verba haben, so dass sie auf vorhergehende Worte Rection ausüben könnten. So darf man nicht sagen أَنْتَ مِمَّن أَفْضَلُ eben so wenig wie مِمَّن أنتَ أفضلُ mit Voranstellung der Präposition

1) Angewandt auf unser Beispiel: فَضْلُهُ اذا كان بُسرًا يزيدُه اذا كان تَمْرًا؛

mit ihrem Nomen vor den Comparativ, weil derselbe zu schwache Rectionskraft hat, um Vorangestelltes regieren zu können. Die Elativform kann also keine Rection auf ein von einer Präposition abhängiges Nomen ausüben, wenn letzteres derselben vorangeht, obgleich mit den Präpositionen alle Worte construirt werden können, welche sonst keine Rection ausüben, z. B. هذا مارٌّ بزيدٍ dieser geht bei Zeid vorüber; هذا مُعْطٍ لزيد أمْسِ درهمًا dieser gab gestern dem Zeid einen Dirhem. Wenn nun die Elativform auf ein von einer Präposition abhängiges Nomen keine Rection ausüben kann, so ist es noch weit weniger möglich, dass dieselbe auf ein nicht von einer Präposition abhängiges Nomen Rection ausübt (wie auf ein als Ḥâl stehendes), dessen grammatisches Verhältniss dem des Objects ähnlich ist. In dem Verse von El-Farazdak:

„Da sprach sie zu uns: Seid willkommen, und gab uns als Reisekost frische Datteln; ja die Kost, welche sie gab, war noch besser als dies (مِنْهُ أَطْيَبُ)“ [1])

ist منه aus Verszwang vor den Comparativ gestellt. Da dem so ist, so kann in dem oben angeführten Beispiel (nach der Ansicht des Abu ʿAlî El-Fârisî) أطيب keine Rection auf بسرا ausüben, weil Letzteres dem Comparativ vorangeht. Da dem so ist, so wird بسرا entweder von هذا oder von dem zu ergänzenden إذ كان regiert. Nimmt man Letzteres an, so muss das zu ergänzende إذ von هذا oder einem sonst darin liegenden Verbalbegriff regiert werden. Da man nun nothwendig annehmen muss, dass der Temporalsatz (اذ كان بسرا) ein Regens hat, so ist es einfacher, dies هذا ohne Vermittlung der Rection eines zu ergänzenden اذ كان unmittelbar auf das Ḥâl Rection ausüben zu lassen. Da dem so ist, so hat die Annahme, das Ḥâl sei durch ein im Sinne behaltenes اذ كان in den Accusativ gesetzt, nur den Zweck, den Sinn dieses Ausdrucks zu treffen, nicht die grammatische Construction anzugeben. — Was das zweite Ḥâl تَمْرًا in dem Satze هذا بُسْرًا أطيبُ منه تَمْرًا betrifft, so wird es vom Comparativ أطيب regiert. Diese Rection auf تمرا ist zulässig, wiewohl بسرا nicht vom Comparativ regiert wird, weil Ersteres dem Comparativ nachgestellt ist, und eine Rection des Comparativs auf Nachgestelltes unverwehrt ist. So regiert der Comparativ eine hinter ihm stehende Zeitbestimmung in dem Verse des ʾAus:

„Fürwahr, wir fanden die Ehre eine Zeitlang des Schutzes bedürftiger, als gestickte Mulâ-Kleider“ [2]). (Ṭawîl).

ساعةً wird hier von أَحْوَجَ regiert, und wie der Comparativ hier auf eine Zeitbestimmung Rection ausübt, so kann er auch ein Ḥâl regieren, wenn es ihm nach-

---

1) Metr. Ṭawîl. Vgl. die Erklärung von ʿAinî im Anhang.
2) Vgl. die Scholien.

gesetzt ist. — Solche Constructionen, wie die des Satzes هذا بُسْرًا أطيبُ منه تَمْرًا finden sich nur bei Begriffen, welche einen Uebergang von einer Abart in eine andere gestatten, wie in dem Satze هذا عِنَبًا أطيبُ منه زَبِيبًا dies ist als Traube besser denn als Rosine, weil die Traube in die Rosine übergeht. Wenn man aber sagen würde: Dies ist als Traube besser denn als Dattel, so wäre eine solche Construction unzulässig, weil die Traube nicht in die Dattel übergeht. Darum ist hier nur der Nominativ möglich, und es ist zu construiren: هذا عِنَبٌ أطيبُ منه تَمْرٌ haec uva est, qua dactylus melior est. هذا ist hier Inchoativ, عِنَبٌ Prädikat dazu, أطيبُ منه ein zweites Inchoativ und تَمْرٌ Prädikat dazu: dieser zweite Satz أطيبُ منه تَمْرٌ steht an Stelle eines Qualificativs zu عِنَبٌ.

Die Redensart جاء البُرُّ تَفِيزَيْنِ وصاعَيْنِ heisst soviel wie: der Weizen ist angekommen, je zwei تفيز für einen Dirhem, und je zwei صاع für einen Dirhem. تفيزَيْن S. ١٢
ist Ḥâl von البُرُّ, ebenso صاعَيْن; beide Ḥâl-Accusative stehen an Stelle abgeleiteter Wörter (welche eigentlich ausschliesslich als Ḥâl gebraucht werden). Es ist also wie wenn es hiesse: der Weizen ist angekommen zu dem und dem Preise, oder als billiger, und die Rede macht dann einen einzigen Satz aus. Es ist aber auch zulässig, den Nominativ zu setzen und zu construiren جاء البُرُّ تفيزان بدرهمٍ: dann ist تفيزان Inchoativ und بدرهمٍ Prädikat dazu, und dieser Satz تفيزان بدرهمٍ steht an Stelle eines Ḥâl zu البُرُّ (s. v. w. „indem zwei تفيز einen Dirhem kosten“), und die Rede macht zwei Sätze aus. Bisweilen sagt man auch جاء البُرُّ تافيزَيْن وصاعَيْن ohne بدرهمٍ. Man lässt dann den Preis aus, weil er nach der Gewohnheit des Sprachgebrauchs in solchen Dingen bekannt ist. Denn wenn man gewohnt ist, einen Gegenstand für einen bestimmten Preis, z. B. für einen Dirhem oder einen Denar, zu verkaufen, so überhebt man sich wegen der Bekanntschaft desselben seiner Erwähnung, wie auch in anderen Ausdrücken, z. B. Das Kurr Weizen für sechzig, sc. Dirhem, und zehn Pfund Seide, sc. für einen Dirhem. Man unterlässt hier die Erwähnung des Preises wegen des häufig vorkommenden Gebrauchs.

Was ferner die Phrase betrifft: Ich habe mit ihm gesprochen, sein Mund zu meinem Mund (كلّمته فاهُ الى فِيَّ), so steht فاهُ als Ḥâl im Accusativ an Stelle von S. ١٣
مُشافَهَةً „in unmittelbarer Berührung der Lippen“. Der Sinn ist مُشافِهًا „indem ich mit meinen Lippen die seinigen berührte“. فاهُ ist also ein Nomen, welches an Stelle eines im Sinn eines Nomen agentis stehenden Nomen verbi gesetzt ist. Das Ḥâl wird regiert von dem im Satz vorkommenden Verbum كَلَّمْتُهُ, und die Redensart ist zu erklären

durch كَلَّمتُه مُشافِهًا. Bei dieser Erklärung ist es nicht nöthig ein anderes Regens ausser كَلَّمتُه als im Sinn behalten anzunehmen, sondern فاهُ gehört zu den abnormen Ḥâl-Accusativen, weil es determinirt ist, wie الجَمّاءَ الغَفيرَ (vgl. darüber den nächsten Abschnitt) und das Ḥâl in dem Satze رَجَعَ عَوْدَهُ على بَدْئِهِ[1]) Er kehrte zurück, indem seine Rückkehr seinem Anfang (d. i. seiner Ankunft) entsprach, d. i. auf demselben Wege, auf welchem er gekommen war. Dies ist die Lehrmeinung der meisten unserer Genossen, der Baṣrenser. Dagegen erklären die Kûfenser den Accusativ فاهُ durch Ergänzung von جاعِلًا oder مُلاصِقًا, wie wenn man sagen wollte: Ich habe mit ihm gesprochen, indem er seinen Mund an meinen Mund legte, oder, indem er seinen Mund anheftete. Die richtige Lehrmeinung ist die erste, und dies ist die Ansicht des Sîbaweihi. Denn wenn جاعِلًا zu ergänzen wäre, so wäre die Construction nicht abnorm, sondern man dürfte sie als normal für andere Constructionen zu Grunde legen und sagen: كَلَّمتُه وَجْهَهُ الى وَجْهِي Ich habe mit ihm gesprochen, sein Gesicht zu meinem Gesicht, und عَيْنَهُ الى عَيْنِي sein Auge auf mein Auge (gerichtet) u. s. w. Da diese zuletzt angeführten Constructionen aber grammatisch unzulässig sind, so ist damit die Unrichtigkeit der Lehre der Kûfenser erwiesen. — Es giebt auch Araber, welche sagen: كَلَّمتُه فُوهُ الى فِيَّ. Dann steht فُوهُ als Inchoativ im Nominativ, الى فِيَّ ist Aussage dazu, und dieser ganze Satz فوهُ الى فِيَّ steht als Ḥâl zu كلّمته. Es ist dann, wie wenn construirt wäre وَفُوهُ الى فِيَّ, nur dass man sich durch die Setzung des rückbezüglichen Pronomens in فُوهُ der Setzung des Wav überhoben hat. Fehlte dieses dem Nomen فَمٌ suffigirte Pronomen, so würde das Wav nothwendig sein.

Was ferner die Redensart betrifft بايَعْتُه يَدًا بِيَدٍ Ich habe mit ihm ein Geschäft gemacht, Hand an Hand, so gehört sie in dieselbe Kategorie wie كَلَّمتُه فاهُ الى فِيَّ, weil in ihr ein Nomen an Stelle eines Nomen verbi steht, welches selbst wieder an Stelle eines Qualificativs gesetzt ist. Es ist wie wenn es hiesse بايعتُه مُناقَدَةً d. i. ناقِدًا baar zahlend, nur dass der Sinn dieser beiden Phrasen verschieden ist. Darum ist es nicht zulässig, statt بايعتُه يَدًا بِيَدٍ zu sagen بايعتُه يَدُهُ بِيَدٍ im Nominativ, sondern es muss nothwendig der Accusativ stehen, abweichend von كَلَّمتُه فوهُ الى فِيَّ,

1) „He returned in the way, by which he had come". Lane p. 1039, erste Spalte.

weil der Sinn des Ausdrucks بايعته يَدًا بيَدٍ die Beschleunigung und die Zahlung ist, wenn auch zwischen Beiden (d. i. zwischen der Hand des Käufers und der des Verkäufers) keine örtliche Annäherung stattfindet, während Letzteres in der Phrase كلّمته فاهُ الى فِيّ der Fall ist. Diese Redensart besagt nämlich, dass zwischen dem Mund des Einen und dem des Anderen sich nichts Vermittelndes befand. Der Sinn der beiden Phrasen ist also verschieden, wenn auch ihre grammatische Erklärungsweise übereinstimmt.

In dem Ausdruck بِعْتُ الشاءَ شاةً ودرهمًا Ich habe die Schafe verkauft, jedes für einen Dirhem steht شاةً als Ḥâl im Accusativ, und الشاءَ ist dasjenige Wort, welchem das Ḥâl zur näheren Erklärung dient. Regens des Ḥâl ist das Verbum بِعْتُ. Wenn auch شاةً ein Primitivum ist, so steht es doch hier an Stelle eines Qualificativs, nämlich von مُسَعَّرًا. Wenn man nämlich sagt بعتُ الشاءَ شاةً ودرهمًا, so ist der Sinn: Ich habe die Schafe verkauft, indem ich für jedes Schaf einen Dirhem als Preis festsetzte. Das Wav in ودرهما steht in der Bedeutung des ب; dadurch wird der Genetiv unmöglich; درهما wird vielmehr als Copulativ zu شاةً hinzugefügt und beide mit einander verbunden. شاةٌ ist dann das Bezahlte und درهمٌ der Preis desselben. El-Chalîl hält für zulässig zu construiren بعتُ الشاءَ شاةٌ ودرهمٌ mit dem Nominativ, so dass der Sinn ist: Ein Schaf für einen Dirhem und noch ein Schaf für einen Dirhem. شاةٌ ist dann Inchoativ und بدرهمٍ Prädikat, und der ganze Satz steht als Ḥâl. Wenn man sagt شاةٌ ودرهمٌ, so ist die grammatische Erklärung شاةٌ ودرهمٌ مَقْرُونَانِ Schaf und Dirhem (sind) mit einander verbunden. Das Prädikat (مقرونان) ist dann ausgelassen, wie man sagt كُلُّ رَجُلٍ وضَيْعَتُهُ im Sinn von مَعَ ضَيْعَتِهِ Jedermann mit seinem Geschäft. Ebenso wie hier in dem Wav die Bedeutung von مَعَ liegt, und der Sinn der Rede darum correkt ist, so ist in dem Ausdruck بعتُ الشاءَ شاةٌ ودرهمٌ, wenn درهمٌ im Nominativ steht und als Copulativ mit شاةٌ verbunden wird, ein Prädikat zu ergänzen, welches über die Bedeutung von مَعَ nicht hinausgeht, und das ist مقرونان.

Aehnlich ist die Redensart بيّنتُ له حِسابَهُ بَابًا بَابًا Ich habe ihm seine Rechnung klar gemacht Stück für Stück. بابًا steht als Ḥâl im Accusativ, weil es steht für geordnet[1]).

1) Eine Glosse des C. Muf. Wetzst. erklärt: مفصّلا مفصّلا او مُبَوَّبًا.

Die Nomina, welche hier als Ḥâl-Accusative erwähnt sind, stehen nie allein, sondern müssen nothwendig den auf sie folgenden Satztheil hinter sich haben. Man darf also nicht sagen كَلَّمْتُهُ فَاهُ, sondern muss hinzufügen الى فِيَّ, weil der Sinn ist مُشَافَهَةً, letzteres aber nur zwischen Zweien statthaben kann. Ebensowenig darf man sagen بايعتُهُ يَدًا, sondern muss hinzusetzen بِيَدٍ, weil man sagen will: Er hat von mir genommen und hat mir gegeben, und auch diese beiden Handlungen nur zwischen Zweien möglich sind. Ebenso wenn man sagen würde بَيَّنتُ له حِسابَهُ بابًا, ohne بَابًا zu wiederholen, so würde man glauben, dass er die Rechnung als aus einem einzigen Stück bestehend angesetzt hat; der Sinn ist aber ein anderer, nämlich der, dass dieselbe als aus verschiedenen Arten bestehend angesetzt ist. Das merke dir!

Der Verfasser des Mufaṣṣal sagt[1]) (p. 28 Z. 8 v. U.):

Regel ist, dass das Ḥâl indeterminirt, und das Nomen[2]), zu dessen näherer Bestimmung das Ḥâl dient, determinirt ist. In folgenden Beispielen

أَرسلها العِرَاكَ[3]) Er schickte sie zur Tränke.

مررتُ به وَحْدَهُ Ich bin bei ihm vorbeigegangen im Zustand seines Alleinseins.

جاؤُا قَضَّهُم بِقَضِيضِهِم[4]) Sie sind gekommen, gross und klein (eig. ihre Kiesel mit ihren Steinen).

فعلتَهُ جَهْدَكَ وطاقَتَكَ Du hast es gethan, soweit es in deinen Kräften stand.

sind die Nomina verborum so gebraucht, dass ihre Indetermination intendirt ist, wie die im vorigen Abschnitt erwähnte Phrase فاهُ الى فِيَّ im Sinn von شِفاهًا (Lippe an Lippe) steht. In den soeben angeführten Beispielen sind folgende indeterminirte Nomina agentium intendirt: statt العِراكَ: مُعْتَرِكَةً; statt وَحْدَهُ: مُنْفَرِدًا; statt قَضَّهُم بقَضِيضِهِم: قاطِبَةً; statt جَهْدَكَ: جاهِدًا.

---

1) Vgl. Ibn ʿAḳîl p. 171 zu V. 336.

2) معطوفٌ على الضميرِ المستكنّ فى تكون وانّما ساغ للفصل، Glosse des C. Muf. L.

3) اى خلّى ابلَه حتى اتت الماء وازدحمت، C. Muf. L.

4) القضُّ واحدٌ وهو الكسرُ والتفريقُ والقضيضُ فعيلٌ بمعنى مفعول اى مكسور والتقدير جاؤُا يُقَضّون (Ms. بفصون (unp.) قضًّا بقضيضهم ثمّ أُضمر الفعلُ وٱلنصق) ضميرُ ذى الحال بالمصدر، Glosse des C. Muf. L. Dieselbe Glosse in C. Muf. Wetzst

Zu denjenigen Nominibus[1]), welche wie die angeführten Nomina verborum zu beurtheilen sind, gehören die als Ḥâl gebrauchten determinirten Nomina in dem Ausdruck مررتُ بهم الجَمّاءَ الغَفِيرَ Ich bin bei ihnen insgesammt vorbeigegangen[2]).

Die Indetermination[3]) desjenigen Nomens, zu dessen näherer Bestimmung das Ḥâl dient, ist verwerflich, ausser wenn das Ḥâl jenem Nomen vorausgeschickt wird, wie in dem Halbvers لِعَزَّةَ مُوحِشًا طَلَلٌ قَدِيمُ Der ʿAzza gehören alte Ruinen als verödete an[4]).

Der Commentator sagt: Dem Ḥâl kommt es zu, indeterminirt[5]) zu sein, weil S. ١٤ Z.
es im Sinn einer zweiten Aussage steht. Der Ausdruck جاءَ زيدٌ راكبًا schliesst in sich die Aussage des Kommens des Zeid und seines Reitens im Zustande seines Kommens. Ursprünglich ist die Aussage indeterminirt, weil das Indeterminirte dasjenige ist, woraus man Nutzen zieht (d. i. was noch nicht bekannt ist, sondern womit man erst bekannt gemacht wird). Ferner ist das Ḥâl der Specification in der Klasse (der منصوبات) ähnlich und ist daher wie diese indeterminirt. Endlich steht das Ḥâl als Antwort auf die Frage: Wie? und dies ist eine Frage nach dem Indeterminirten.

Dagegen muss dasjenige Nomen, welchem das Ḥâl zur näheren Bestimmung dient, S. ١٤
determinirt sein aus den Gründen, welche wir erwähnt haben, dass es nämlich eine zweite Aussage ist, eine Aussage von einem indeterminirten Nomen aber nicht zulässig ist. Ferner wenn der صاحب الحال indeterminirt ist, so ist es möglich, das Ḥâl als Ṣifa zu fassen, und ist kein Bedürfniss vorhanden, beide von einander in der Flexion zu unterscheiden; denn zwischen dem Ḥâl zu einem indeterminirten Nomen und der Ṣifa ist im Sinn kein Unterschied. Bisweilen kommen Nomina verborum als Ḥâl vor, dem Wortlaut nach determinirt, aber der Bedeutung nach indeterminirt. Dazu gehören diejenigen, welche mit dem Artikel versehen sind, und die, welche in Annexion stehen.

---

1) فُصل عن الاوّل لانّه مصادرُ كما ترى وهذه ليست بمصادر كما ترى، C. Muf. W.

2) يقال جاوا جَمّاءً غفيرًا والجَمّاءَ الغفيرَ اى جاوا بجماعتهم الشريفُ والوضيعُ ولم يختلف عنهم احدٌ، الاصلُ جاوا مجتمعين اجتماعَ الجَمّاء الغفير ثمّ جاوا الجمّاءَ الغفيرَ، واشتقاقُ الجمّاء من الجُمّة وهى الشَعْرُ المجتمعُ على الرأس مَثّلَ كثرةَ الناس بالشعر، والغفيرُ الكثيرُ من غفرتُ اى سترتُ كانّه غَفْرُ بعضهم بعضًا سترٌ فَعِيلٌ بمعنى مفعولة ولذا لم يُؤنَّث، C. Muf. Wetzst. Vgl. über eine andere ebenso zu erklärende Redensart die Scholien.

3) Vgl. Ibn ʿAḳîl p. 172 zu V. 338 f. Sowohl in Mufaṣṣal wie im Commentar des Ibn Jaʿîś sind andere wichtige Fälle dieser Art übergangen. Vgl. Ibn ʿAḳîl.

4) Vgl. die Scholien im Anhang.

5) لانّ مقصودها وهو تقييدُ الحدث بالمذكور بها يحصل بالتنكير فيكون التعريف ضائعا، Cod. Muf. L.

Zu jenen gehört z. B. der Ausdruck أَرسلها العِرَاكَ, welcher in folgendem Verse des Lebîd vorkommt [1]):

„Da schickte er sie (die Thiere) zur Tränke, ohne sie anzutreiben und ohne die unzureichende Tränkung des Gedränges (d. i. der sich drängenden Thiere) zu bemitleiden.“ (Wâfir).

العِرَاكَ steht hier als Ḥâl im Accusativ. عِرَاكٌ ist Nomen verbi von عَارَكَ, imperf. يُعَارِكُ, nom. verbi مُعَارَكَةٌ und عِرَاكٌ. العِرَاكَ steht als Ḥâl, obgleich es determinirt ist, weil es so viel heisst wie مُعْتَرِكَةً. Dieser Sprachgebrauch ist abnorm und darf nicht als Regel zu Grunde gelegt werden. Diese freiere Gebrauchsweise des Ḥâl ist nur zulässig, wenn Nomina verborum als Ḥâl gebraucht werden, weil ihr Wortlaut nicht dem derjenigen Worte entspricht, welche ursprünglich als Ḥâl gebraucht werden. Denn ursprünglich ist das Ḥâl ein Qualificativ, und wenn man hier ein solches wirklich als Ḥâl setzen würde, so würde der Artikel nicht hinzutreten dürfen. Darum sagen die Araber nicht أَرسلها المُعْتَرِكَةَ ebensowenig wie جاء زيدٌ القائمَ, weil in diesen Beispielen ein Wort als Ḥâl steht, welches ursprünglich als Ḥâl gebraucht wird. In dem Beispiel أَرسلها العِرَاكَ dagegen wird ein Wort stellvertretend als Ḥâl gebraucht gegen die ursprüngliche Gebrauchsweise, so dass zu erklären ist أَرسلها مُعْتَرِكَةً. Dann wird das Verbum finitum an Stelle des Nomen agentis gesetzt, weil es ihm ähnlich ist, also statt مُعْتَرِكَةً: تَعْتَرِكُ; endlich steht das Nomen verbi statt des Verbi finiti, weil es auf dasselbe hinweist. Man sagt أَوْرَدَ إِبِلَهُ العِرَاكَ, wenn er die Kameele alle zum Wasser geführt hat. wie man sagt اِعْتَرَكَ القَوْمُ das Volk drängte sich auf dem Schlachtfelde oder an der Tränke.

Zu denjenigen Phrasen, in welchen ein in Annexion stehendes Nomen als Ḥâl gebraucht wird, gehören مررتُ به وَحْدَهُ und مررتُ بهم وَحدَهُم Ich bin bei ihm (bei ihnen) vorbei gegangen im Zustande seines (ihres) Alleinseins. وَحْدَهُ ist Nomen verbi, welches als Ḥâl steht, wie wenn es im Sinn von إِيحادًا gesagt und von Letzterem die Servilbuchstaben weggenommen wären. Es ist wie wenn man sagte أَوحَدْتُهُ بمُرُورِي إِيحادًا Ich habe ihn durch mein Vorbeigehen zu einem Einzelnen gemacht ein Verein-

---

1) Der Vers im Ṣaḥâḥ und im Muḥîṭ-al-Muḥîṭ zweimal, unter عرك und unter دجل mit der Bemerkung يصف الحمارَ والأتُن. Vgl. die Erklärung des Verses von ʿAinî im Anhang.

zeln. إِيحَادٌ steht an Stelle von مُوَحَّدٌ oder مُنْفَرِدٌ, und wenn man sagt مررتُ به وَحْدَهُ, so ist es wie wenn man sagte: مررتُ به منفردا. Nach Sibaweihi ist es zulässig, das S. ١٥
Ḥâl وَحْدَهُ auf das Subject und auf das Object zu beziehen; Ez-Zaǧǧâǧ dagegen meint, dass وَحْدَهُ Nomen verbi sei und sich auf das Subject, nicht auf das Object beziehe, und wenn man sagt مررتُ به منفردا, so ist es nach ihm wie wenn es hiesse أفردتُه
بمروري إفرادًا Ich habe ihn durch mein Vorbeigehen isolirt ein Isoliren. Jûnus sagt, S. ١٥
dass وَحْدَهُ in der besprochenen Phrase im Sinn von مُوَحَّدًا oder مُنْفَرِدًا stehe, und bezieht es auf den, bei welchem man vorbeigeht. Von Jûnus giebt es darüber auch noch eine andere Ansicht, dass nämlich وَحْدَهُ soviel heisse wie على حِيالِهِ, was der Bedeutung nach identisch damit ist. على حيالِه steht dann an Stelle einer Ortsbestimmung. Ist eine Ortsbestimmung Qualificativ oder Ḥâl, so ist مُسْتَقِرٌّ zu ergänzen, was die Ortsbestimmung in den Accusativ setzt, und dies مستقرٌّ steht voran. وَحْدَهُ wird nur im Accusativ gebraucht, ausser in einigen abnormen Redensarten; z. B. هو نَسِيجُ وَحْدِهِ Er ist unvergleichlich; عُيَيْرُ وَحْدِهِ und جُحَيْشُ وَحْدِهِ, beide in der Bedeutung „Eselchen seiner selbst“, von einem Menschen, welcher stets nur an seinen eigenen Meinungen Gefallen hat. Die Phrase نسيجُ وَحْدِهِ wird in lobendem Sinne gebraucht; S. ١٥
ihre ursprüngliche Bedeutung ist, dass, wenn ein Kleid ausgezeichnet ist, auf seinem Weberbaum kein anderes mit ihm gewoben wird. Es ist also, wie wenn es hiesse نسيجُ إفرادِهِ der Gewobene seiner Isolirung. Man gebraucht diese Phrase von einem Mann, wenn er nach seiner Vortrefflichkeit allein steht. Die beiden anderen Redensarten عُيَيْرُ وَحْدِهِ und جُحَيْشُ وَحْدِهِ sind so zu erklären, dass عُيَيْرٌ Diminutivform von عَيْرٌ, Synonym zu حِمار Esel ist, gebraucht vom wilden und vom zahmen Esel, جُحَيْشٌ dagegen das Eselfüllen, und beide Phrasen in tadelndem Sinne gebraucht werden. Man sagt es von einem Mann, welcher von Bewunderung seiner eigenen Ansicht erfüllt ist, mit Keinem darüber verhandelt und sich von Keinem helfen lässt. Der Sinn ist: Er steht allein im Dienst seiner selbst.

Die Redensart جاؤُا قَضَّهُم بقضيضهم (vgl. die Uebersetzung in der vorangeschick- S. ١٥
ten Stelle des Mufaṣṣal) heisst soviel wie جاؤُا جَمِيعًا Sie kamen Alle. Da der Sinn also der der Indetermination ist, so ist es zulässig, قَضَّهُم بقضيضهم als Ḥâl zu gebrauchen. Esch-Schammach sagt:

„Es ist Soleim (Stammname) zu mir gekommen, gross und klein; sie streichen um mich herum auf dem weiten Felde ihre Schnurrbärte.“ (Ṭawil).

تَضًّا steht als Ḥâl im Accusativ. Es wird in doppelter Weise gebraucht. Die Einen setzen es unter allen Umständen in den Accusativ, so dass es in der Weise eines in Annexion stehenden, als Ḥâl gebrauchten Nomen verbi steht, wie in der Phrase مررتُ به وَحْدَهُ. Nach den Andern dagegen steht تَضًّا als apponirtes Complement, welches das Vorangehende bekräftigt, ähnlich wie كُلُّهم. Dann sagt man أَتَتْنِي سُلَيْمُ تَضُّها بقضيضها im Nominativ, رأيتُ سليمًا تَضًّا بقضيضها im Accusativ, und مررتُ بسليمٍ تَضِّها بقضيضها im Genetiv. Der Sinn des Ausdrucks ist أَجْمَعِينَ Alle. Derselbe ist hergenommen von تَضَّ, was soviel ist wie كَسَرَ zerbrechen. Bisweilen wird es auch gebraucht im Sinn von „Auf eine Sache mit Schnelligkeit hinabstürzen", wie man sagt عُقَابٌ كاسرٌ Ein herabstossender Adler. Dann ist der Sinn von تَضُّهم: „Indem Einer auf den Andern stürzt".

Auch in dem Ausdruck فعلتَه جَهْدَكَ [1] وطاقتَك [2] Du hast es gethan mit Eifer und soweit es in deinen Kräften stand, steht ein Nomen verbi an Stelle des Ḥâl. Wenn das Nomen verbi auch determinirt ist, so hat es doch den Sinn eines indeterminirten Wortes, wie wenn es hiesse فعلتَه مُجْتَهِدًا Du hast es gethan als Eifriger.

In dem Ausdruck مررتُ بهم الجمّاءَ الغَفِيرَ [3] Ich bin bei ihnen insgesammt vorbeigegangen stehen الجمّاءَ الغفيرَ an Stelle von Nominibus verborum, welche als Ḥâl gebraucht werden; الجمّاء ist ein Nomen, zu welchem الغَفِير als Adjectivum hinzugefügt ist. Beide zusammen stehen im Sinn von الجَمَّ الكثيرَ, weil dadurch die Menge bezeichnet wird. Der Sinn von الغفير ist, dass sie vor Menge die Erde bedecken, wie man in demselben Sinn sagt غفرتُ الشيء. Davon kommt المِغْفَر der Helm her, welcher auf den Kopf gesetzt wird, weil er denselben bedeckt. الجمّاء الغفيرَ stehen im Accusativ als Ḥâl, weil sie an Stelle eines Nomen verbi gesetzt sind, wie العِرَاكَ. Es ist wie wenn man sagte الجُمُومَ الغفيرَ Ich bin bei ihnen vorbeigegangen als der (die Erde)

---

1) بالضمّ الطاقة وبالفتح المَشَقَّة وقيل على العكس، ولا بُعْدَ فى كون اللفظ معرفةً والمعنى نكرةً نحو مررت برجلٍ مثلك، C. Muf. L.

2) اى مُطيقا C. Muf. L.

3) الغافر يعنى الساتر من الغَفْر وهو السَّتْر اى جامّين غافرين أقاربَهم وعشائرَهم وساترين وجه الارض من كثرتهم، C. Muf. L.

bedeckenden Gesammtheit, im Sinn von جامّين غافرين als Gesammte, (die Erde) Bedeckende. Jûnus ist der Ansicht, dass الجمّاء الغفير ein Nomen ist, und nicht anstatt S. ١٦
eines Nomen verbi steht, und dass der Artikel so anzusehen ist, wie wenn seine Auslassung intendirt wäre; doch ruht diese Ansicht auf schwacher Grundlage; denn wenn dergleichen erlaubt wäre, so müsste man auch sagen dürfen مررتُ به القائمَ mit dem Accusativ des Ḥâl, so dass die Auslassung des Artikels intendirt wäre; dies ist aber nicht zulässig.

Die Indetermination desjenigen Nomens, welchem das Ḥâl zur näheren Bestimmung S. ١٦
dient, ist tadelnswerth, wenn auch trotzdem zulässig. Wenn man also sagen würde جاء رجلٌ ضاحكًا Ein Mann kam als Lachender, so wäre dies tadelnswerth, obgleich es zulässig ist. Man betrachtet dann das Ḥâl als Qualificativ für das Vorhergehende. Diese Ansicht ist die richtige. Wenn aber das Qualificativ eines indeterminirten Nomens demselben vorangeht, so muss es als Ḥâl im Accusativ stehen, und zwar darum, weil es unzulässig ist, das Qualificativ vor sein Nomen zu stellen, weil das Qualificativ als erklärendes Moment wie der Relativsatz behandelt wird und es ebenso wenig zulässig ist, das Qualificativ vor sein Nomen zu stellen wie den Relativsatz vor das Pronomen relativum. Da also die Voranstellung des Qualificativs als solches nicht zulässig ist, S. ١٦
so nimmt man zu der Construction desselben als Ḥâl seine Zuflucht, und erklärt dann den vorangestellten Ḥâl-Accusativ wie den nachgestellten in dem Satz جاء رجلٌ ضاحكًا. Steht das Qualificativ vor seinem Nomen, so ist diese Construction die grammatisch berechtigte, und die Grammatiker nennen sie von zwei Uebeln das kleinere, Letzteres darum, weil ein zur näheren Bestimmung eines indeterminirten Nomens dienendes Ḥâl zwar tadelnswerth, die Voranstellung des Qualificativs vor sein Nomen aber noch tadelnswerther ist. Eine solche Voranstellung des Qualificativs vor sein Nomen als Ḥâl kommt vor in folgendem Verse:

„Und unter den Lanzenspitzen und Speeren liegen beschattet Antilopen, welchen S. ١٦
junge Hindinnen ihre Augen geliehen haben.“ (Ṭawil)[1].

Der Dichter will sagen ظباءٌ مُسْتَظِلَّةٌ beschattete Gazellen; aber da er das Qualificativ voranstellt, so setzt er es als Ḥâl in den Accusativ. Bedingung ist hierbei, dass das indeterminirte Nomen ein Qualificativ hat, welches sich nach ihm richtet. Nun ist S. ١٧
es im Allgemeinen zulässig, das Qualificativ als Ḥâl in den Accusativ zu setzen, so dass das Ḥâl von etwas Vorhergehendem regiert wird. Weiter wird zu einem dann hinzukommenden Zwecke das Qualificativ vor sein Nomen gestellt und als Ḥâl in den Accu-

1) Der Vers von Ḏur-Rumma, im Commentar des Wâḥidî zum Mutanabbî ed. Dieterici p. 195 zu V. 13. Antilopen häufige Metapher für schöne Frauen.

sativ gesetzt. Letzteres ist nothwendig, weil es nicht Qualificativ bleiben kann, wenn es seinem Nomen vorangeht. Der im Mufaṣṣal citirte Halbvers „Der ʿAzza gehören alte Ruinen als verödete an" ist von Kuṯajjir; der zweite dazu gehörige Halbvers ist „Die manches schwarze, den Regen lange festhaltende Gewölk[1]) (durch seinen Erguss) zerstört hat." Beweisstelle ist das vor طَلَلٌ gestellte مُوحِشًا, welches als Ḥâl im Accusativ steht. Der Dichter beschreibt die Spuren der Wohnungen und ihre Verfallenheit und die Verwüstung, welche die Regenwolken in denselben angerichtet haben[2]).

Z. 7. Der Verfasser des Mufaṣṣal sagt (p. 28 Z. 2 U.)[3]):

Das verstärkende Ḥâl[4]) ist dasjenige, welches nach Sätzen steht, die aus zwei Nominibus bestehen, deren keines Rection ausübt. Es steht zur Verstärkung des Aussagewortes, dessen Sinn es bekräftigt, und von welchem es den Zweifel entfernt. Beispiele:

زيدٌ أبوك عَطوفًا Zeid ist dein Vater als wohlgeneigter.

هو زيدٌ مَعْرُوفًا Dies ist Zeid als Bekannter.

هو الحَقُّ بَيِّنًا Dies ist das Richtige als offenbares.

Man bestätigt hier durch die Geneigtheit die Vaterschaft und durch die Begriffe des Bekannt- und Offenbarseins dies, dass der Mann Zeid ist, und dass die Sache richtig ist.

Dahin gehört auch die Koranstelle (Sure 2, 85):

Z. 10. Dieses Buch (sc. der Koran) ist die Wahrheit als bestätigende (sc. die Thora).

Ebenso sind zu erklären die Beispiele

أنا عبدُ اللّهِ آكِلًا كما يَأْكُلُ العَبِيدُ[5]) Ich bin ein Gottesdiener, indem ich esse, wie die Gottesdiener essen. Hier drückt das Ḥâl eine Bestätigung und Bekräftigung der Gottesdienerschaft aus.

أَنَا فلانٌ بَطَلًا شُجاعًا كَرِيمًا جَوادًا Ich bin N. N. als beherzter, tapferer, edelmüthiger, freigebiger. Man[6]) bekräftigt hier durch das Ḥâl das, wodurch man sich

---

1) Eine Glosse des C. Muf. Wetzst. erklärt: اى كلّ سحاب اسحم اى اسود.

2) Vgl. die Scholien im Anhang.

3) Vgl. Ibn ʿAḳîl p. 177 f. zu V. 349 u. 350.

4) يُرَدّ على ذلك انّ الحال بيان هيئة الفاعل او المفعول وهذه ليست بواحد منهما وجوابه انها من مفعولٍ أُحُقّه وأُثْبِته؛ C. Muf. W.

5) قوله عليه السلام Glosse des C. Muf. Wetzst.

6) جاء بفاء التعليل بيانا لِما هو واضحٌ على سبيل التأكيد؛ C. Muf. L. (meist unp.)

selbst kennzeichnet, und was bei dem Sprechenden über ihn selbst feststeht[1]). Wenn man sagen würde زيدٌ أبوك منطلقًا oder زيدٌ أخوك منطلقًا (Zeid ist dein Vater, dein Bruder im Zustande des Fortgehens), so würde dies absurd sein, ausser wenn man in dem ersten Beispiel die Adoption und in dem zweiten die (brüderliche) Liebe bezeichnen wollte, nicht die Vaterschaft und Bruderschaft im eigentlichen Sinn[2]).

Das Agens des Ḥâl in diesen Sätzen ist ein im Sinne behaltenes أُثْبِتُهُ oder أُحَقِّقُهُ Ich bestätige, bekräftige es.

Der Commentator sagt: Das Ḥâl kommt in doppelter Weise vor. Erstens als S. ١٧
ein solches, welches veränderlich ist; z. B. جاء زيدٌ راكبًا Zeid ist gekommen als Reitender. Denn das Reiten ist hier nicht eine ihm beständig anhaftende, bleibende Eigenschaft, sondern eine solche, welche ihm nur im Zustande seines Kommens anhaftet, und von welcher er zu einer anderen übergeht. In der Erwähnung derselben liegt nicht eine Bekräftigung der Aussage, sondern sie bildet etwas für den grammatisch nothwendigen Sinn und die Aussage Ueberflüssiges. Denn wenn man sagt: Zeid ist gekommen als Reitender, so liegt darin eine doppelte Aussage, die des Kommens und die des Reitens, nur dass das Reiten in der Weise des Ueberflusses ausgesagt wird, weil das Nomen vor demselben sein nothwendiges Complement in der Aussage des verbi finiti (Kommen) hat. Zweitens kommt das Ḥâl so vor, dass es eine bleibende, unveränderliche Eigenschaft[3]) bezeichnet, und als Bekräftigung und Verdeutlichung für den Sinn
der Aussage erwähnt wird; z. B. أنا زيدٌ معروفًا — هو الحَقُّ بَيِّنًا — زيدٌ أبوك عَطُوفًا S. ١٧
(Vgl. die Uebersetzung in dem vorausgeschickten Abschnitt des Mufaṣṣal). عطوفًا ist Ḥâl und bildet eine fest anhaftende Beschreibung der Vaterschaft; darum wird dadurch der Begriff der letzteren bekräftigt. Ebenso wird in dem Satze هو الحَقُّ بَيِّنًا „Dieses ist das Richtige als offenbares" الحَقُّ durch بَيِّنًا näher bestimmt, weil dies zu denjenigen Qualificativen gehört, durch welche der Begriff der Wahrheit bekräftigt wird, da dieselbe nie aufhört, deutlich und offenkundig zu sein. Ebenso ist in dem Satze S. ١٨
أَنَا زيدٌ معروفًا Ich bin Zeid als Bekannter معروفًا Ḥâl, wodurch dies bekräftigt wird,

---

1) لا يجوز ذلك الّا لمن اتّسم واتّصف بهذه الصفات لتنزُّل ذلك منزلةَ التضمّن نحو تضمّن الاب العطوف، من المُوصَّل، (موصّل ist Titel zweier Commentare zum Mufaṣṣal. Vgl. Ḥaǵî Chalfa VI. p. 39.) Glosse des C. Muf. Wetzst.

2) إن جعلتَ منطلقا مُميّزا لهَيْئَته وَقْتَ المؤاخاة والتبنّى صحّت المسألةُ، C. Muf. Lips.

3) الاصل فى الحال ان تكون وصفًا غير ثُبوتيّ ولهذا لم يجز ان يقال جاءنى زيد طويلا فاذا كان ثبوتيّا يكون حالا مؤكّدة، C. Muf. L.

dass er Zeid ist, weil معروفا so viel heisst wie لا شَكَّ فيه „zweifellos“, und wenn man sagt: Ich bin Zeid zweifellos, so ist „zweifellos“ eine Bekräftigung der Aussage. Ebenso ist in der im Mufaṣṣal citirten Koranstelle (Sure 2, 85) هو الحَقُّ مُصَدِّقًا „Dies ist die Wahrheit als bestätigende“ مُصَدِّقًا bekräftigendes Ḥâl, da die Wahrheit stets bewahrheitend ist. Eine ähnliche Gebrauchsweise des Ḥâl findet in dem Verse des Ibn Dâra statt:

„Ich bin der Sohn der Dâra, indem durch sie mein Geschlecht bekannt ist;
und giebt es an Dâra (herbei ihr Menschen!) etwas von Schande?“[1]) (Basîṭ).

Es ist unzulässig, an solchen Stellen (als bestätigendes Ḥâl) ein anderes Wort zu setzen als was dem معروف ähnlich ist, also zum Kenntlichmachen und Bestätigen dient.

Ein Satz wie هو زيدٌ منطلقا Dies ist Zeid im Zustand des Fortgehens würde nicht zulässig sein, weil in dem Fortgehen, gesetzt, dass es wahr wäre, kein Hinweis auf die Wahrheit dessen, was man durch den Nominalsatz ausdrückt, liegen würde, wie in dem Verse das Ḥâl معروفا بها نسبي bestätigt, dass er ihr Sohn ist. Dagegen würde es erlaubt sein zu sagen أنا عبدُ اللّهِ كريمًا جوادًا[2]) Ich bin ʿAbdallah als Edelmüthiger, Freigebiger, und هو زيدٌ بَطَلًا شُجاعًا Dies ist Zeid als Beherzter, Tapferer, weil diese Qualificative und ähnliche, welche zum Lobe unter den Menschen dienen, etwas kenntlich machen. Es ist also ebendarum zulässig, sie als Verstärkungen des Prädikats zu gebrauchen, weil durch sieeine Kenntlichmachung stattfindet, und ihre Erwähnung den Begriff des Prädikats verstärkt.

So sagt man: Ich bin ein Gottesdiener (أنا عبدُ اللّهِ)[3]), wenn man sich selbst gegen Gott herabsetzt; dann erklärt man den Zustand der Gottesdiener durch den Ausdruck آكلًا كما يأكُلُ العَبيدُ „Essend wie die Gottesdiener essen“. Diese Worte bestätigen, dass man ein Gottesdiener ist. Nach diesen Sinnstellungen und ähnlichen ist die Rede bald richtig bald unrichtig; jede Phrase, durch welche ein correkter Sinn entsteht, ist zu billigen; jede dagegen, welche einen verderbten Sinn ergiebt, ist verwerflich.

Die Worte des Zamachšari: „das bestätigende Ḥâl steht nach einem Satz, welcher aus zwei Nominibus besteht“, die keine Rection ausüben, wollen sagen, dass das bestätigende Ḥâl nach einem Nominalsatz steht, dessen Prädikat ein reines Nomen und

---

1) Vgl. die Erklärung des Verses von ʿAinî im Anhang. Der Vers bei Ibn ʿAḳîl p. 178.

2) اذا كان القائل معروفا بتلك الصفةِ؛ C. Muf. L.

3) إن قصد به العَلَميّة لم يجز ان تكون حالا مؤكّدةً؛ C. Muf. L.

nicht ein Verbum ist, auch nicht auf Verbalbedeutung zurückzuführen ist, weil das Ḥâl hier eine Bekräftigung des Prädikats bildet durch Erwähnung einer seiner ihm bleibend anhaftenden Eigenschaften, das Verbum aber nichts Bleibendes ausdrückt, auch nicht durch ein Qualificativ näher bestimmt wird.

Die Worte des Verfassers: „Wenn man sagen würde: زيدٌ أبوك منطلقا او أخوك Zeid S. ١٨
ist dein Vater oder dein Bruder im Zustand des Fortgehens, so wäre das absurd [1]“, besagen, dass er nicht sein Vater oder sein Bruder in einem einzelnen Zustand oder einer einzelnen Zeit mit Ausschluss der anderen ist (wie auch منطلق keine bleibende Eigenschaft ausdrückt). Wenn man aber sagen will, dass er sein Bruder ist von Seiten der Liebe oder sein Vater durch Adoption, so ist die Construction zulässig, weil dies veränderliche Zustände sind, welche zu einer einzelnen Zeit mit Ausschluss der anderen stattfinden können.

Regiert wird ein solches bestätigendes Ḥâl nach Sîbaweihi durch ein im Sinne S. ١٩
behaltenes Verbum, wie أَعْرِفُ ذلك Ich weiss dies, oder أُحُقُّهُ Ich bestätige es u. dergl., worauf das Ḥâl hinweist. Die Bestätigung des Prädikats durch أُحُقُّ und أَعْرِفُ ist mit der Bestätigung desselben durch den Schwur zu vergleichen. Denn wenn man sagt: Ich bin Abdallah als Bekannter, so ist es, wie wenn man sagt: „zweifellos“ oder „ich weiss es“ oder „ich bestätige es“, und diese Construction ist rücksichtlich der Bekräftigung durch einen Satz analog der Construction أنا عبدُ اللّه واللّهِ [2]) Ich bin Abdallah bei Gott. — Abu ’Isḥâḳ Ez-Zaǵǵûǵ ist der Ansicht, dass das Ḥâl von der Aussage regiert wird, weil letztere anstatt مُسَمًّى oder مَدْعُوٌّ steht, und das Erste (das Inchoativ) in demselben dann (als Suffix) erwähnt ist (also زيدٌ أبوك statt زيدٌ أُسَمِّيهِ أباك und أنت زيدٌ statt أنت أَدْعُوكَ زيدا [3]). Die richtige Ansicht aber ist die erste.

Der Verfasser des Mufaṣṣal sagt [4]) (p. 29 Z. 7): S. ١٩

Ein ganzer Satz kann als Ḥâl stehen. Derselbe ist nothwendig entweder ein Nominal- oder

---

1) اى جئت بالمُحال لانّ اخوّة النسب وابوّة النسب ثابتةٌ لا تقبل الانتقال ولا يوصف بها فى حال دون حال والحالُ لا تجئ الّا فيما يقبل الانتقال والتبنّى والصداقةُ يقبلانه، C. Muf. Sprenger.

2) Wo das Waw in واللّهِ von den arabischen Grammatikern als stellvertretend für ب, und باللّه als abgekürzt aus حلفتُ باللّه angesehen wird. Vgl. Mufaṣṣal p. 163 Z. 7 U.; p. 164 Z. 1 und Z. 8.

3) Die Stelle ist unklar ausgedrückt. Die gegebene Erklärung ist von Prof. Fleischer.

4) Vgl. Ibn ʿAḳîl p. 178 f. zu V. 351—354.

ein Verbalsatz. Ist er ein Nominalsatz, so muss er durch Wav mit dem Hauptsatze verbunden werden[1]). Abnorm sind Beispiele wie كَلَّمْتُه فُوهُ الى فِيَّ (Vgl. Muf. p. 29 Z. 9 U. mit Commentar) und Andere, auf welche man vielleicht hier und da (bei der Lectüre) stösst[2]). Der Satz لَقِيتُهُ عليه جُبَّةٌ وَشْيٍ (Ich begegnete ihm, indem er mit einem bunten Rock bekleidet war) ist durch ein im Sinne behaltenes مُسْتَقِرَّةٌ [3]) zu erklären.

Z. 10. Ist der Ḥâl-Satz ein Verbalsatz, so steht das Verbum nothwendig entweder im Imperfectum oder im Perfectum. Steht es im Imperfectum, so ist es entweder affirmativ oder negativ. Der affirmative verbale Ḥâl-Satz[4]) wird ohne Wav mit dem Hauptsatz verbunden[5]). Bisweilen kommen auch in negativen verbalen Ḥâl-Sätzen, deren Verbum im Imperfectum steht, beide Constructionen (die mit Wav und die ohne Wav) vor. Dieselbe doppelte Construction findet Statt, wenn das Verbum des Ḥâl-Satzes im Perfectum steht, nur dass hier قَدْ zum Ḥâl-Satz hinzutreten muss, entweder so dass es wirklich gesetzt, oder so dass es im Sinne behalten wird.

.11 U. Der Commentator sagt: Bisweilen steht ein ganzer Satz als Ḥâl. Derselbe muss nothwendig entweder ein Nominal- oder ein Verbalsatz sein. Beispiele für jenen: مررتُ بزيدٍ على يَدِهِ بازٌ Ich ging bei Zeid vorbei, indem auf seiner Hand sich ein Falk befand. جاء زيدٌ وسَيْفُهُ على كَتِفِهِ Zeid ist gekommen, indem sein Schwert um seine Schulter hing; d. i. er ist gekommen, indem dies sein Zustand war. Nach diesem Wav steht nur ein Satz, welcher aus Inchoativ und Aussage zusammengesetzt ist. Setzt man solchen Satz nach dem Wav als Ḥâl, so hat man freie Entscheidung darüber, das Pronomen desjenigen Nomen, zu dessen näherer Bestimmung das Ḥâl dient, in den

---

1) لتعلّق الجملة الثانية بالاولى كقوله تعالى اذ تُصْعِدون ولا تَلْوُون على احدٍ والرسولُ يدعوكم (Sure 3, 147) علقت الجملة الثانية بما قبله لوقوعها موقع الحال؛ C. Muf. Wetzst. Zu فالواو fügt eine Glosse desselben Cod. hinzu لازم. — فالواوُ لانّها غير واردة على اصلها لانّ الاسميّة دلالتها على الثبوت والاستمرار بخلاف الفعليّة واصلُ الحال ان تكون وصفا غير ثبوتيّ؛ C. Muf. L. (meist unp.)

2) يُعْثَر اى يَطَّلع C. Muf. Wetzst. Eine andere Glosse ebendort: يمكن ان يوجَد سوى هذا؛

3) يعنى يكون فى تقدير المفرد فلا تلزم الواو؛ C. Muf. W.

4) نحو جاء الامير تُقاد الجنائب بين يديه C. Muf. W.

5) لانّ المضارع كاسم الفاعل C. Muf. W.

Ḥâl-Satz einzuschliessen oder es auszulassen. Beispiele für den ersteren Fall أَقْبَلَ
مُحَمَّدٌ وَيَدُهُ عَلَى رَأْسِهِ Muḥammed ist herbeigekommen, indem seine Hand auf seinem
Kopfe lag. جَاءَ أَخُوكَ وَثَوْبُهُ نَظِيفٌ Dein Bruder ist gekommen, indem sein Kleid rein
war. Beispiele für die Auslassung des auf den ذو الحال bezüglichen Pronomens: جَاءَ
زَيْدٌ وَعَمْرٌو ضَاحِكٌ Zeid ist gekommen, indem ʿAmr lachte, أَقْبَلَ بَكْرٌ وَخَالِدٌ يَقْرَأُ Bekr ist
angekommen, indem Châlid las. Der Wegfall eines auf den صاحب الحال bezüglichen S. ١٤
Pronomens ist hier zulässig, weil das Waw den hinter ihm stehenden Satz mit dem vorhergehenden verbindet, und man keines Pronomens bedarf, wenn Waw steht. Wenn
man in diesem Fall noch ein Pronomen setzt, so ist dies correkt, weil darin eine Verstärkung der Verbindung des Ḥâl-Satzes mit dem vorangehenden Hauptsatz liegt. Fehlt
aber Waw, so ist das Pronomen nothwendig; z. B. أَقْبَلَ مُحَمَّدٌ عَلَى رَأْسِهِ تَلْنُسُوَةٌ Muḥammed ist gekommen mit einem Filzhut auf seinem Kopfe. Eine Construction wie أَقْبَلَ
مُحَمَّدٌ عَلَى عَبْدِ اللَّهِ تَلْنُسُوَةٌ, in welcher عَلَى عَبْدِ اللَّهِ تَلْنُسُوَةٌ als Ḥâl-Satz angesehen
würde, wäre nicht zulässig, weil da ein Bindemittel fehlen würde, welches den Ḥâl-
Satz mit dem Hauptsatz verbindet. Denn es steht weder Waw noch ein Pronomen, S. ١٤
welches sich aus dem Schluss des Satzes (d. i. aus dem Ḥâl-Satz) auf den Anfang
desselben (d. i. auf den Hauptsatz) zurückbezöge und darauf hinwiese, dass beide mit
einander verknüpft sind. Ein solches rückbezügliches Pronomen findet sich in dem
Verse:
„Es war die Mitte des Tages, als das Wasser ihn (den Taucher) bedeckte, ohne
dass sein Gefährte (am Ufer) um das Verborgene wusste" (d. i. er wusste
nicht, was aus dem Taucher geworden war). (Kâmil).
Der Dichter beschreibt einen Taucher, welcher sich bis zur Mitte des Tages unter S. ٣٠
Wasser befindet, ohne dass sein Gefährte am Ufer weiss, was aus ihm geworden ist.
Darum sagt er: Es war die Mitte des Tages über dem Taucher, indem dies sein Zustand
war. Das Pronomen suffixum in غَامِرُهُ verbindet den Ḥâl-Satz mit dem Voranstehen-
den, so dass der Nominalsatz الماءُ غَامِرُهُ dadurch zu einem Ḥâl wird. Dagegen ist
Waw als Bindemittel in der Koranstelle (Sure 3, 148) gebraucht: „Er (Gott) bedeckte
einen Theil von euch (mit Schlafsucht als Zeichen der Sicherheit), während einem Theil
von euch ihre eigenen Gemüther Noth bereiteten." Der Sinn ist (und Gott weiss es
besser): Er bedeckte einen Theil von euch (mit Schlafsucht) in diesem Zustand [1]). Was
den Vers des ʾImrulḳeis [2]) betrifft:

---

1) d. i. in dem Zustand, welchen der folgende Satz ausdrückt.
2) Moʿallaḳa v. 47 ed. Ahlwardt, v. 50 ed. Hengstenberg. Die Scholien geben nichts,
was nicht auch der Commentar des Zûzenî enthält.

„Oft wohl breche ich auf, während die Vögel noch in ihren Nestern schlafen,
mit einem rüstig schreitenden Ross, einer Fessel für die wilden Thiere [1]),
einem stattlichen“ (Ṭawîl).

10. so ist die Beweisstelle der Satz وَالطَّيْرُ فِى وُكُنَاتِهَا, welcher als Ḥâl steht, obgleich er kein auf den ذو الحال rückbezügliches Pronomen enthält, weil das Waw die beiden Sätze mit einander verbindet. Dies Waw mit dem darauf folgenden Satz steht als Ḥâl virtuell im Accusativ, regiert durch die vorhergehenden Regentia, deren Rection auf ein im Accusativ stehendes Ḥâl zulässig ist. Wenn man sagt جاء زيدٌ وثَوْبُهُ نَظِيفٌ Zeid ist gekommen, indem sein Kleid rein war, so steht diese Construction an Stelle von جاء زيدٌ نظيفًا ثَوْبُهُ, und wie نظيفا durch das vorhergehende Verbum in den Accusativ gesetzt ist, ebenso steht der ganze an seiner Statt stehende Satz virtuell im Accusativ, regiert von eben jenem Verbum.

6 U. Was ferner die Worte des Verfassers betrifft: „Wenn der Ḥâl-Satz ein Nominalsatz ist, so wird er durch Waw mit dem Hauptsatz verbunden“, so sind sie ein Hinweis darauf, dass, wenn ein Nominalsatz als Ḥâl steht, nothwendig Waw stehen müsse. Die Sache verhält sich aber nicht so, sondern es muss nur ein Bindemittel vorhanden sein, welches den zweiten (den Ḥâl-)Satz mit dem ersten (dem Hauptsatz) verbindet. Denn der Satz ist eine selbstständige, ihren eigenen Sinn vollständig ausdrückende Rede. Wenn daher ein Satz als Ḥâl steht, so muss nothwendig in demselben etwas vorhanden sein, was ihn mit dem Vorhergehenden verbindet und verknüpft, damit man ihn nicht für einen Neusatz halte. Diese Verknüpfung kann durch zweierlei Mittel zu Stande kommen, entweder durch das Waw oder durch ein Pronomen, welches sich aus dem Ḥâl-Satz auf das Vorhergehende bezieht, nach dem, was wir oben auseinandergesetzt haben. Ein Beispiel für das Waw als Bindemittel ist der Satz جاء زيدٌ والأميرُ راكِبٌ Zeid ist gekommen, indem der Emir ritt. Hier steht der Satz والأميرُ راكبٌ als Ḥâl. Ein Beispiel für das Pronomen: أقبل محمّدٌ يَدُهُ على رأسِه Muḥammed ist herangekommen, indem seine Hand auf seinem Haupte lag. Auch hier steht der Satz يَدُهُ على رأسِه als Ḥâl.

Z. 2. Was ferner die Worte des Verfassers betrifft „ausgenommen abnorme Fälle, wie كَلَّمْتُهُ فُوهُ الى فِىَّ Ich habe zu ihm gesprochen, sein Mund zu meinem Mund,“ so ist dies unrichtig, wenn man den Fall nach der Regel beurtheilt wegen der Existenz des Bindemittels im Ḥâl-Satz, wovon wir gesprochen haben. In unserem Satz ist das

---

1) d. i. sie unentrinnbar einholend. (سريع, مُسْرِع erklären die Glossen.)

Pronomen in فُوهُ ein solches Bindemittel. Meint der Verfasser dagegen, dass solche Beispiele selten sind von Seiten des Gebrauchs, so kommt er der wahren Sachlage nahe. Denn der Gebrauch des Waw in dieser Rede ist darum häufiger (als die blosse Setzung eines auf das Vorhergehende rückbezüglichen Pronomens), weil dasselbe mehr auf das auszudrückende Verhältniss hinweist, und die Abhängigkeit dessen was ihm folgt von dem was ihm vorangeht mehr hervortreten lässt.

In dem Beispiel لَقِيتُهُ عليه جُبَّةٌ وَشْيٍ (Ich begegnete ihm, indem er mit einem bunten Rock bekleidet war) erträgt die Präposition mit dem davon abhängigen Pronomen suffixum (عليه) zwei Auffassungsweisen. Erstens kann عليه in der Weise des Ḥâl als virtuell im Accusativ stehend gedacht werden; dann würde es von einem ausgelassenen مُسْتَقِرَّةً[1]) abhängen, und جُبَّةٌ وَشْيٍ durch عليه[2]) als Agens in den Nominativ gesetzt sein. Ueber die Zulässigkeit dieser Construction ist kein Zweifel, weil der Ḥâl-Satz sich auf das Nomen stützt, welchem er zur näheren Bestimmung dient (d. i. auf das Pronomen suffixum in لقيته). Zweitens aber kann جُبَّةٌ وَشْيٍ Inchoativ und عليه vorangestellte Aussage sein. Nach dieser Auffassung wäre der Satz beweisend dafür, dass der Nominalsatz als Ḥâl ohne Waw stehen darf. Der Verfasser des Mufaṣṣal erklärt ihn auf die erste Weise, weil er nicht zugiebt, dass der Nominalsatz, wenn er als Ḥâl steht, das Waw entbehren könne. S. ٣١

Bisweilen steht auch das Verbum als Ḥâl, wenn es den Sinn desselben hat, und dadurch der die Handlung begleitende Zustand ausgedrückt werden soll. So sagt man جاء زيدٌ يَضْحَكُ s. v. w. ضاحِكًا Zeid ist gekommen als Lachender, und ضربتُ زيدًا يَرْكَبُ s. v. w. راكبًا Ich habe den Zeid geschlagen, indem er ritt. So heisst es im Korân (Sure 28, 25): „Eine von ihnen (von den beiden Töchtern des Jethro) ging zu ihm (zu Moses), indem sie in schüchterner Weise einherschritt (تَمْشِي statt ماشِيَةً). So sagt der Dichter: S. ٣١

„Wenn du zu ihm kommst, indem du nach dem Glanze seines Feuers dich hinrichtest,
so wirst du das beste Feuer finden, bei welchem der beste Brenner ist[3])". (Ṭawil).

---

1) هذا على مذهب الاخفش فانّ جبّة فاعلُ عليه (im Ms. غذه) ولا بعُد على قول سيبويه هذا ايضا ، C. Muf. L.

2) oder vielmehr durch das dabei zu ergänzende مستقرّة.

3) Der Vers im Mufaṣṣal p. 113 und bei Ibn 'Akîl ed. Diet. p. 300. Vgl. die Erklärung von 'Ainî im Anhang.

5 U. تَعْشُو steht hier für عاشِيًا. Waw ist nicht nöthig wegen der Verwandtschaft, welche zwischen Imperfectum und Nomen agentis existirt. — Die die Zukunft bezeichnende Verbalform darf nicht als Ḥâl stehen, weil sie nicht auf den (der Handlung des Hauptverbi gleichzeitigen) Zustand[1]) hinweist. Man darf also nicht sagen جاء زيدٌ سَيَرْكَبُ Zeid ist gekommen, indem er reiten wird, auch nicht أقبل محمّدٌ سَوْفَ يَضْحَكُ Muḥammed ist herangekommen, indem er lachen wird. Ebenso wenig darf das Perfectum als Ḥâl stehen aus demselben Grunde. Also sagt man nicht جاء زيدٌ ضَحِكَ im Sinn von ضاحِكًا. Setzt man aber قَدْ zum Perfectum, so darf es als Ḥâl stehen, weil قد das Perfectum der Gegenwart annähert[2]). So sagt man قد قامت الصَّلوةُ (Jetzt ist die Gebetszeit), bevor dieselbe wirklich eingetreten ist. Darum ist es zulässig, الآنَ (jetzt) oder السّاعَةَ (sogleich) damit zu verbinden und zu sagen قد قام الآنَ (Jetzt eben steht er). Man kann also sagen جاء زيدٌ قد ضَحِكَ (Zeid ist gekommen, nachdem er eben gelacht hatte) und أقبل محمّدٌ وقد عَلاهُ الشَّيْبُ (Muḥammed ist herangekommen, nachdem das graue Haar ihn eben überzogen hatte) u. s. w. Dahin gehört auch der Vers:

„Ich gedachte deiner, während die Lanzen zwischen uns hin- und herzuckten,
und die braunen Speere von uns den ersten Trank empfingen“ [3]). (Ṭawîl).

Z. 4. قد نَهِلَتْ steht als Ḥâl-Satz virtuell im Accusativ und ist aufzulösen durch ناهِلَةً. Bisweilen lässt man auch وَقَدْ aus, intendirt es jedoch. Es ist also als wirklich gesetzt im Sinne behalten, wenn es auch nicht dem Wortlaut nach ausgedrückt ist. Dahin gehört der Vers:

„Und (mit) einem Durchbohren [4]) gleich der Mündung des Schlauches, wenn er strömt, indem er angefüllt ist“. (Hezeǵ).

---

1) حال auch hier im Doppelsinn von Zustand und Gegenwart oder Gleichzeitigkeit. Aehnlich drückt in den Participialconstructionen der klassischen Sprachen das part. praes. Gleichzeitigkeit aus.

2) لانّها (sc. قد) لتقريب الماضى من الحال فالتزمت معه ليُوافِق زمانُه زمانَ الفا[ع]ل[ا]لأ] C. Muf. L.

3) Der Vers Ḥamâsa ed. Freytag I. p. 26.

4) Der Vers Ḥamâsa ed. Freytag I. p. 11. Eig.: Ein Durchbohren von etwas, was ist wie die Mündung des Schlauches, d. i. man macht eben so grosse Wunden. Vgl. den Commentar zu der citirten Stelle der Ḥamâsa.

Der Dichter setzt غدا statt قد غدا. Bisweilen legt man auch die Koranstelle (Sure 4, 92) so aus: „Oder (welche) zu euch kommen, indem ihre Brust eingeengt ist“; حَصِرَتْ statt قد حصرتْ. Diese Auffassung wird bestätigt durch die Lesart حَصِرَةً im Accusativ. Die Kûfenser sind der Ansicht, dass das Perfectum als Ḥâl gesetzt werden dürfe, sei es dass قد dabei stehe oder nicht, und dieser Meinung folgt Abul-Hasan El-'Achfaš von den Baṣrensern. Dieselben berufen sich auf die eben angeführten Beweisstellen, d. i. auf die Koranstelle جاؤكم حصرتْ صُدورُهم, auf den Vers وطَعْنٍ كَفَمِ الزِقّ غَدَا والزقّ مَلآنْ, und auf Verse wie der folgende: S. ٣٣

„Fürwahr mich überkommt, da ich deiner gedenke, ein Schauer, wie die Sperlinge sich (vor Schauer) schütteln, wenn der Regen sie benetzt hat“ [1]. (Ṭawîl).

In der Koranstelle ist حصرتْ Ḥâl, was bestätigt wird durch die Lesart حَصِرَةً, wie oben auseinandergesetzt worden ist. Ebenso steht in dem zuerst citirten Verse غَدَا und in dem zweiten بَلَّلَهُ القَطْرُ als Ḥâl. Was den Sinn betrifft, so steht (nach den Kûfensern) das Perfectum als Qualificativ für indeterminirte Nomina; Alles, was nun Qualificativ sein kann, kann auch Ḥâl sein. So sagt man جاء زيدٌ يَضحَكُ, wie man sagt: جاء زيدٌ ضاحكًا, weil man sagen kann جاء رجلٌ ضاحِكٌ statt جاء رجلٌ يضحك, so dass ضاحكٌ und يضحك als Qualificative für ein indeterminirtes Nomen stehen. Die Erklärung der Beweisstellen ist oben schon damit gegeben, dass قَدْ in ihnen intendirt ist, und darum das Perfectum als Ḥâl stehen kann. Was aber die Kûfenser von der Erklärung des Sinnes dieser Construction sagen, ist verwerflich; vielmehr verhält sich die Sache umgekehrt. Denn Alles, was Ḥâl sein kann, kann Qualificativ für ein indeterminirtes Nomen sein, aber nicht kann Alles, was Letzteres ist, auch Ḥâl sein. So kann das Futurum Qualificativ für ein indeterminirtes Nomen sein, z. B. هذا رجلٌ سَيَكْتُبُ او سَيَضْرِبُ Dies ist ein Mann, welcher schreiben oder schlagen wird; es kann aber nicht Ḥâl sein. ضاحكٌ und ähnliche Wörter stehen als Ḥâl, weil sie Nomina agentium sind und das Nomen agentis sich auf die Gegenwart beziehen kann; nicht so aber das Perfectum und das Futurum, und darum können beide nicht als Ḥâl stehen. S. ٣٣

[1] Der Vers bei Ibn 'Aḳîl p. 188. Vgl. die Erklärung von 'Ainî im Anhang. Der Muḥîṭ-al-Muḥîṭ, der den Vers auch hat, bemerkt وتُستعمل الذِكْرَى ايضا بمعنى الذِكْر باللسان او بالقلب ومنه قول قيس بن الملوّح العامرىّ (folgt der Vers) اى لذِكْرِى اياك.

Z. 5. Wenn zum Perfectum قَدْ hinzutritt und zum Imperfectum eine Negation und so beide als Ḥâl gebraucht werden, so hat man freie Wahl, das Waw als Ḥâl zu setzen oder auszulassen. So kann man in dem oben angeführten Beispiel sagen جاء زيدٌ قد عَلَاهُ الشَّيْبُ und جاء زيد وقد علاه الشيبُ[1]). Aehnlich der letzteren Construction ist die in dem oben citirten Verse وقد نَهِلَتْ مِنَّا المُثَقَّفَةُ السُّمْرُ. Das Hinzutreten des Waw ist darum möglich, weil قَدْ die Vergangenheit der Gegenwart (الحال) annähert und jene des von dieser Geltenden theilhaftig macht, wie auch das Waw das gegenwärtige Ḥâl bezeichnet; ferner darum, weil der Ḥâl-Satz, wenn قَدْ hinzutritt, dem Nominalsatz ähnlich ist, insofern der erste Theil desselben nicht aus einem Verbum besteht (sondern durch قَدْ gebildet wird). Ebenso ist beim Imperfectum, wenn die Negation hinzutritt Beides zulässig, Waw zu setzen und nicht zu setzen, weil der Satz dann, wie wir erwähnt haben, einem Nominalsatz ähnelt, insofern der erste Theil desselben nicht
10 U. durch ein Verbum gebildet wird (sondern durch die Negation). So heisst es im Koran (Sure 10, 89) nach der Lesart des Ibn ʿÂmir ولا تَتَّبِعَانِ سَبِيلَ الذين لا يعلمون mit Nun ohne Teschdid in تتّبعان und mit Kesre desselben. لا تتّبعان steht dann als Ḥâl und ist Indicativ, dessen Kennzeichen das Nun ist. لا تتّبعان kann nicht Prohibitiv sein, weil dann der Jussiv stehen und das Nun fehlen müsste. Das Nun (vorausgesetzt, dass es nach der Lesart des Ibn ʿÂmir nicht teschdidirt ist) kann auch nicht das energetische sein, weil der Dual nach unserer Meinung nicht mit dem leichten energetischen Nun gebildet wird. Dann ist also der Ḥâl-Satz aufzulösen in (فَٱسْتَقِيمَا) غيرَ مُتَّبِعَيْنِ: Wandelt ihr beide auf dem rechten Pfade[2]), indem ihr denen nicht folgt, welche kein Wissen haben. Aehnlich ist die Construction in dem Verse[3]):

„Durch die Hände von Männern, welche ihre Schwerter nicht in die Scheide stecken, ohne dass der durch sie Erschlagenen Viele sind, nachdem sie gezückt worden." (Ṭawîl).

---

1) Im arab. Text ist nach den Worten وإنْ شئتَ أنْ تقول وقد علاه الشيبُ die Apodosis des Conditionalsatzes ausgefallen; zu ergänzen durch فَبِهَا المقصودُ. Vgl. de Sacy gr. I. p. 547.

2) Oder: harret aus (im Gebet).

3) Der Vers von El-Farazdaḳ, im Commentar des Wâḥidî zum Mutanabbi ed. Dieterici p. 111 zu V. 22. Darnach ist der Text des ersten Hemistichs so zu verbessern بِأَيْدِي رجالٍ لم يَشِيمُوا سُيُوفَهُم ✲ El-Waḥidî erklärt بها ای لم يغمدوها الّا بعدَ ان كثُرت بها القتلى ✲

So heisst es im Koran (Sure 20, 79. 80): „Bereite ihnen einen trockenen Weg im S. ٣٣
Meere, indem du kein Erreichen (Seitens der Aegypter) besorgst noch dich fürchtest.“
لا تخافُ دَرَكًا ولا تَخْشَى steht als Ḥâl, so dass beim zweiten Verbum Waw gesetzt ist, und beim ersten fehlt [1]). Steht Waw, so geschieht es, weil der Verbalsatz dem Nominalsatz ähnlich ist wegen der Stellung, welche die Negation darin einnimmt. Fehlt Waw, so ist der Grund, dass das Verbum im Imperfectum steht.

Der Verfasser des Mufaṣṣal sagt: (Muf. p. 29 Z. 9 U.) S. ٣٤

Es ist zulässig, dass in denjenigen nominalen Ḥâl-Sätzen [2]), welche durch Waw eingeleitet werden, das Pronomen fehlt, welches sich auf das Nomen zurückzieht, zu dessen näherer Bestimmung der Ḥâl-Satz dient. Das Ḥâl wird dann wie eine Zeit- oder Ortsbestimmung behandelt wegen der Aehnlichkeit, welche zwischen beiden besteht. Beispiele:

أَتَيْتُكَ وزيدٌ قائمٌ [3]) Ich bin zu dir gekommen, indem Zeid stand.

لَقِيتُكَ والجَيْشُ قادِمٌ Ich bin dir begegnet, indem das Heer ankam.

Eben dahin gehört der oben (p. 21) übersetzte Vers des 'Imrulḳeis.

Der Commentator sagt: Es ist schon auseinandergesetzt worden, dass der Zweck S. ٣٤
der Setzung des Pronomens im Ḥâl-Satz ist, ihn mit dem Vorhergehenden zu verbinden. Steht also entweder Waw oder ein Pronomen, so ist dasjenige vorhanden, wodurch der Zweck erreicht wird. In den Worten „das Ḥâl wird dann wie eine Zeit- oder Ortsbestimmung behandelt“ meint Zamachšari mit der Zeit- oder Ortsbestimmung die Partikel إِذْ. Auch Sibaweihi hat das Waw des Ḥâl-Satzes mit إِذْ verglichen und dadurch erklärt, und zwar darum, weil إِذْ sowohl wie das Waw virtuell im Accusativ steht, und weil das auf jedes von beiden Folgende nothwendig ein Satz sein muss. Ferner ist sowohl die Zeit- und Ortsbestimmung wie das Ḥâl durch eine Präposition aufzulösen. Wenn man nämlich sagt: جاء زيدٌ وسَيْفُهُ على عاتِقِهِ Zeid ist gekommen, indem sein Schwert an seiner Schulter hing, so heisst dies soviel wie: Er ist gekommen in diesem Zustand. Das Ḥâl ist also ein مفعول فيه wie die Zeit- und Ortsbestimmung. Wie

---

1) وامّا مجيئه بالواو كقوله تعالى لِمَ تُؤْذُونني وقد تعلمون، (Sure 61, 5.) C. Muf. W.

2) اى الاسمية لا الفعلية فانّ ذلك لا بدّ له من ضمير شَبَهًا بالظرف، C. Muf. W.

3) زيدٌ قائمٌ حالٌ غيرَ انّها ليست ببيان هيئة الفاعل او المفعول بل هى زمانُ صدور الفعل من الفاعل ووقوعِه على المفعول، قيل فى العُذْر فى هذا انّ هذا بيانُ لازمِ الفاعل او المفعول وقد استمرّ فى كلامهم العبارةُ عن الملزوم باللازم فاللازمُ هنا الاتيان فكانّه بيانُ ذاتها، موصّل، Glosse der Codd. Muf. Lips. und Wetzst.

nun der Satz nach إِنْ keines Pronomens bedarf, welches sich auf das Vorhergehende zurückbezieht, ebenso wenig ist dasselbe in dem Satz nach dem Waw nöthig, und dies ist der Sinn des Ausdrucks des Zamachšari: „Wegen der Aehnlichkeit, welche zwischen beiden besteht".

Der Verfasser des Mufaṣṣal sagt [1]) (p. 29 Z. 6 U.):

12. Der Accusativ des Ḥâl wird durch ein im Sinne behaltenes Regens regiert in folgenden Ausdrücken. Man sagt zu demjenigen, welcher eine Reise antritt: راشِدًا مَهْدِيًّا Als recht Geleiteter! مُصاحَبًا مُعانًا Mit guter Begleitung und Unterstützung! indem man in beiden Fällen اِذْهَبْ Gehe! im Sinne behält.

Ferner sagt man zu dem von einer Reise Ankommenden: مَأْجُورًا مَبْرُورًا Als Belohnter und mit Wohlthaten Ueberhäufter (sc. bist du zurückgekehrt).

Ferner wenn Einem ein Lied vorgesungen oder eine Geschichte erzählt wird, sagt man صادِقًا [3]) Wahr! wobei zu ergänzen ist „hat er gesprochen".

Ferner wenn man Jemand sieht, der etwas unternimmt, so sagt man: مُتَعَرِّضًا لِعَنَنٍ لم يَعْنِهِ Als Einer, welcher auf ein Ereigniss losgeht, welches er nicht intendirt [4]) (d. i. nach seiner ganzen Tragweite nicht übersieht), wobei zu ergänzen: Er naht ihm (dem Ereigniss) als Einer, welcher darauf losgeht.

6 U. Der Commentator sagt: Das Regens des Ḥâl wird bisweilen ausgelassen, wenn es ein Verbum ist, und in der Rede ein Hinweis darauf vorhanden ist, sei es ein Zusammenhang des Zustandes oder des Ausdrucks. Dahin gehört es, wenn man zu Jemanden, welcher eine Reise unternimmt oder eine Pilgerfahrt machen will, sagt: راشِدًا مَهْدِيًّا Als recht Gehender, recht Geleiteter! was durch ein im Sinne behaltenes اِذْهَبْ Gehe! zu erklären ist. Ebenso wenn man zu Einem, der sich zu einer Reise aufmacht, sagt: مُصاحَبًا مُعانًا mit guter Begleitung und Unterstützung! d. i. Gehe oder reise mit guter Begleitung und Unterstützung! Der Zusammenhang des Zustandes weist hier auf das Verbum hin und überhebt der Setzung desselben. Wenn man diese Ḥâl-Accusative in den Nominativ setzen und sagen würde راشِدٌ مَهْدِيٌّ und مُصاحَبٌ مُعانٌ, so wäre das

---

1) In C. Muf. L. fehlt das Blatt, welches dieses فصل enthält.

2) اى منصورا C. Muf. W.

3) يحتمل ان يكون صفة مصدرٍ اى قَوْلًا صادقًا، C. Muf. W.

4) Vgl. die im Muḥit-al-Muḥit angeführte Phrase
أعننتُ بعُنَّةٍ لا أدرى ما هى اى تعرّضتُ لشىءٍ لا اعرفُه،

gutes Arabisch im Sinn von: Du bist ein recht Geleiteter und mit guter Begleitung und Unterstützung Bedachter. Der Nominativ ist dann durch ein im Sinne behaltenes Inchoativ zu erklären, welches der Bedeutung nach klar ist, der Accusativ dagegen durch ein im Sinne behaltenes Verbum. Ebenso sagt man, wenn man einen Mann sieht, S. ٢٥
welcher von einer Reise oder einer Pilgerfahrt oder einem Besuch ankommt: مَأْجُورًا مَبْرُورًا als Belohnter und mit Wohlthaten Bedachter! Der Sinn ist: Du bist angekommen oder zurückgekehrt als ein Belohnter und mit Wohlthaten Ueberhäufter. Dahin gehört es auch, dass, wenn Jemand Dies und Das erzählt, ein Anderer antwortet: صادقًا واللّه Wahr, bei Gott! d. i. er hat wahr gesprochen. Oder wenn man ein Lied recitirt, und ein Anderer dazu sagt: Wahr, bei Gott! weil, wenn Einer ein Lied recitirt, es so gut ist wie wenn er sagte: Er (der Dichter) hat so gesprochen, und man darauf antwortete: Er hat wahr gesprochen. Der Nominativ ist auch hier zulässig, S. ٢٥
so dass man sich ein Inchoativ als im Sinne behalten denkt, wie er zulässig ist in راشدٌ مَهْدِىٌّ und in مُصاحَبٌ مُعانٌ. Dahin gehört ferner, dass man sagt, wenn man einen Mann sieht, welcher etwas unternimmt oder auf etwas losgeht: مُتَعَرِّضًا لِعَنَنٍ لم يَعْنِه Als ein Solcher, welcher auf ein Ereigniss losgeht, welches er nicht intendirt hat, wie wenn man hätte sagen wollen: Er thut dies als ein Solcher, welcher auf ein Ereigniss losgeht u. s. w., oder Er naht dieser Sache als ein Solcher u. s. w. العَنَن [1]) ist dasjenige, was Einem zustösst, d. i. begegnet, und der Sinn der Phrase ist: Er macht sich mit einer Sache zu schaffen, welche er (in ihrer Tragweite und in ihren Folgen) nicht beabsichtigt hat.

Der Verfasser des Mufaṣṣal sagt (Muf. p. 29 Z. 3 U.)[2]). S. ٢٥

Dahin gehören ferner die Redensarten:

أَخَذْتُه بدرهمٍ فصاعدًا und أخذته بدرهمٍ فزائدًا Ich habe es für einen Dirhem erhalten und für mehr, wobei zu ergänzen ist: und der Preis stieg auch höher.

Ferner: أَتَميميًّا مَرَّةً وقَيْسيًّا أُخْرَى [3]) Einmal als Tamîmit und ein anderes Mal als

1) العنن ما ينوبك من عارضٍ وحدثٍ كالعَرَض والحَدَثِ مِن حَدَثَ وعَرَضَ والمعنى العانّ والحادث والعارض، C. Muf. W.

2) Vgl. Ibn ʿAḳîl ed. Dict. p. 179 f. zu V. 355.

3) وانّما فصل لانّه استفهامٌ دون ما قبله وقيل انتصابهُ على المصدر لا على الحال والتقدير انتحوّل هذا التحوُّلَ وتنتقِل هذا التنقُّلَ وأُريد تنتقِل متعدِّدا، وقيل هذا اللفظ مَثَلٌ مضروبٌ للمتلوِّن الذى لا يستقرّ على حالة واحدة، C. Muf. W.

Ḳeisît? wie wenn man hätte sagen wollen: Verwandelst du dich bald in einen Tamîmiten, bald in einen Ḳeisiten?

Dahin gehört auch die Koranstelle (Sure 75, 4): بَلَى قَادِرِينَ Ja als Mächtige; d. i. als Mächtige werden wir (die Gebeine der Menschen bei der Auferstehung) zusammenbringen.

12. Der Commentator sagt: In den Redensarten أَخَذْتُهُ بِدِرْهَمٍ فَزَائِدًا und أَخَذْتُهُ بِدِرْهَمٍ فَصَاعِدًا sind صَاعِدًا und زَائِدًا als Ḥâl in den Accusativ gesetzt, und das Nomen, welchem das Ḥâl zur näheren Bestimmung dient, und das Regens desselben zur Erleichterung ausgelassen wegen des häufigen Gebrauchs der Redensart. Ergänzt man das Fehlende, so ist die Construction: Ich habe es für einen Dirhem erhalten, und der Preis stieg auch höher. اَلثَّمَنُ ist dasjenige Nomen, welchem das Ḥâl zur näheren Bestimmung dient, und das Verbum ذَهَبَ regiert das Ḥâl. Ebenso ist der Ausdruck أَخَذْتُهُ بِدِرْهَمٍ فَزَائِدًا zu erklären durch أَخَذْتُهُ بِدِرْهَمٍ فَذَهَبَ الثَّمَنُ زَائِدًا in demselben Sinn wie der vorige Ausdruck. Es ist wie wenn man Waaren zu verschiedenen Preisen kauft, mit dem geringsten Preise anfängt, und dann einen der Preise auf den andern rücksichtlich der Zunahme und des Anwachsens folgen lässt, so dass ein Stück einen Dirhem und einen Ḳirâṭ und ein anderes einen Dirhem und einen Dâniḳ kostet. Die Wegnahme des Verbi ist hier gut angebracht, weil man vor Zweideutigkeit sicher
3 U. ist. Dagegen wäre es nicht gut construirt, صَاعِدٌ oder زَائِدٌ als Copulativ mit بِدِرْهَمٍ zu verbinden und also von der Präposition بِ abhängig zu machen, und zwar aus verschiedenen Gründen.

Erstens sind صَاعِدٌ und زَائِدٌ Qualificative, und es wäre incorrekt, dieselben als Copulative mit دِرْهَمٍ, welches durch sie beschrieben wird, zu verbinden. Zweitens wird ein Theil des Preises mit einem anderen nicht als Copulativ durch فَ verbunden, weil nicht einer dem anderen vorangeht; vielmehr tritt der Preis auf ein Mal in die Erscheinung. Man sagt also nicht اِشْتَرَيْتُ الثَّوْبَ بِدِرْهَمٍ فَدَانِقٍ Ich habe das Kleid gekauft für einen Dirhem und dann für einen Dâniḳ, sondern die Verbindung zwischen den beiden Theilen des Preises wird durch Waw hergestellt, weil Letzteres eine Verbindung zwischen zwei Dingen ohne Aufeinanderfolge ausdrückt. Drittens ist صَاعِدٌ ein Qualificativ, und es wäre incorrekt, es an Stelle eines Substantivs als Preis zu setzen. In dieser Construction werden von den Copulativpartikeln nur فَ und ثُمَّ gebraucht, und es wäre unzulässig zu sagen أَخَذْتُهُ بِدِرْهَمٍ وَصَاعِدًا weil die Preise auf einander folgen, und فَ und ثُمَّ darauf hinweisen, da sie den Sinn der Aufeinanderfolge haben, während

Waw auf die Aufeinanderfolge der Handlung nicht hinweist. Darum sind in dieser Construction nur فَ und ثُمَّ zulässig, von welchen فَ im arabischen Sprachgebrauch häufiger ist wegen seiner (engeren) Verbindung mit dem Vorhergehenden.

Was den Ausdruck betrifft أَتَمِيمِيًّا مَرَّةً وَقَيْسِيًّا أُخْرَى (Einmal als Tamîmit und ein S. ٣٩
anderes Mal als Ḳeisît?), so stehen تَمِيمِيًّا und قَيْسِيًّا als Ḥâl im Accusativ, obgleich sie unabgeleitete Primitiva sind, weil sie als Nomina relativa (als Nisbe) aus der Kategorie der Primitiva in die der abgeleiteten Nomina übergehen und zu Qualificativen werden. Sie werden regiert von einem ausgelassenen Verbum, so dass zu ergänzen ist: Verwandelst du dich oder Veränderst du dich bald in einen Tamîmiten, bald in einen Ḳeisîten? Es ist, wie wenn man einen Menschen in einem Zustand sieht, welcher aus demselben in einen anderen übergeht und nicht bei einer Sache bleibt, und sagt: Einmal als Tamîmit und ein anderes Mal als Ḳeisît? Der Sinn ist: Nimmst du bald das Naturell des Stammes Tamîm, bald das des Stammes Ḳeis an und bleibst nicht bei Einem von beiden? Es ist dann, wie wenn man dem Angeredeten diesen Zustand (der Veränderlichkeit) als dauernd beilegte und ihm deswegen Vorwürfe machte, ohne damit eine Erkundigung nach einer Thatsache zu beabsichtigen, mit welcher man unbekannt wäre, wenn auch der Wortausdruck der der Frage ist. Sîbaweihi berichtet, dass S. ٣٩
am Tage von Ǵabala, einem Schlachttage, an welchem die Benû Tamîm und Benû ʿÂmir die Benû ʾAsad und Benû Ḍobjân besiegten, als einem ʾAsaditen ein einäugiges Kameel begegnete, derselbe auf seine Stammgenossen sah und rief: O ihr Benû ʾAsad, etwa einem Einäugigen und Starkgezahnten (wollt ihr entgegen gehen)? Damit beabsichtigte er nicht, sich zu erkundigen und sich über die Blindheit des Thieres belehren zu lassen, sondern die Frageform bestätigt nur seine Besorgniss. Seine Stammgenossen flohen, und es wurden Einige von ihnen getödtet. Das Verbum, von welchem die Accusative S. ٣٩
أَعْوَرَ und ذا نابٍ abhängen, ist ausgelassen, zu ergänzen durch أَتَسْتَقْبِلُونَ, auf welches der vor Augen liegende Zustand hinweist. Diese Ellipse [1]) gehört zu derselben Kategorie, wie die in der Phrase أَقَائِمًا وقد قَعَدَ النَّاسُ [2]) (Du stehst noch, während die Leute schon sitzen?), nur dass in unserem Fall das im Accusativ stehende Nomen nicht von einem Verbum abgeleitet ist, und man der Ergänzung eines zu einer anderen Wurzel gehörigen Verbi bedarf. Würde man ein Verbum von der Wurzel des im Accusativ stehenden Nomen ergänzen, so wäre zu construiren: أَتَتَمَّمُ تَمِيمِيًّا مَرَّةً وَتَتَقَيَّسُ قَيْسِيًّا أُخْرَى, wie man أَقَائِمًا وقد قَعَدَ النَّاسُ ergänzt durch أَتَقُومُ قَائِمًا. In der Redens-

---

1) d. i. die in dem Ausdruck أتميميّا مرّة وقيسيّا اخرى.

2) Vgl. Mufaṣṣal p. 17 Z. 3 U. mit dem Commentar des Ibn Jaʿîš.

art أَتَمِيمِيًّا مَرَّةً وَقَيْسِيًّا أُخْرَى ist auch der Nominativ zulässig, so dass man sagen kann أَتَمِيمِيٌّ مَرَّةً وَقَيْسِيٌّ اخرى im Sinn von: أَأَنْتَ تميميٌّ مرّةً وقيسيٌّ اخرى Bist du das eine Mal ein Tamimit und das andere Mal ein Ḳeisit? Dann besteht der Satz aus Inchoativ und Aussage, und der Nominativ in تميميٌّ und قيسيٌّ ist zulässig, so dass man sich das Inchoativ als im Sinne behalten denkt, wie تميميٌّ und قيسيٌّ im Nominativ stehen würden, wenn dieses im Sinne behaltene Inchoativ wirklich ausgedrückt wäre.

Was endlich die Koranstelle (Sure 75, 3. 4) betrifft: „Glaubt denn der Mensch, dass wir seine Gebeine nicht zusammenbringen werden? Ja als Mächtige herzustellen die Extremitäten seiner Finger," so hängt der Accusativ قادِرِينَ nach Sibaweihi von einem im Sinne behaltenen Verbo ab, zu ergänzen durch نَجْمَعُهَا قادرين (wir werden sie zusammenbringen als Mächtige). Auf dieses Verbum zeigt hin das Verbum in der Stelle أَن لن نجمع عظامه. Das Herstellen der Extremitäten der Finger ist das Zusammenfügen des einen Theils derselben mit dem anderen. El-Farrâ ist der Ansicht, dass قادرين durch ein im Sinne behaltenes Verbum in den Accusativ gesetzt ist, auf welches das am Anfang stehende Verbum hinweist in der Stelle أيحسب الانسان, so dass zu ergänzen ist: بَلَى فَلْيَحْسِبْنَا قادرين Ja, er soll uns für mächtig halten, die Extremitäten seiner Finger wiederherzustellen. So construirt er, weil er قادرين als zweites Object auffasst: aber von den beiden von حسب und den ihm ähnlichen Verbis abhängigen Objecten darf das eine nicht ohne das andere gesetzt werden. Einige glauben auch, dass zu ergänzen ist بَلَى نَقْدِرُ قادرين; doch ist auch diese Ansicht unhaltbar, weil auf das Nomen agentis, wenn es als Ḥâl steht, nicht ein Verbum von derselben Wurzel Rection ausüben darf. Man sagt also nicht قمت قائمًا Ich stehe als Stehender, wenn قائمًا als Ḥâl stehen soll, weil das Ḥâl als ein für die nothwendigen Bestandtheile des Satzes überflüssiges, zur Aussage hinzukommendes Satzglied nothwendig einen besonderen Sinn enthalten muss, ein solcher aber dem Ḥâl in Ausdrücken wie قمت قائمًا nicht einwohnt, da man nie anders steht als im Zustand des Stehens. Die richtige Ansicht ist die erste, nämlich die des Sîbaweihi.

SCHOLIEN.

Zu p. ١ Z. 9 (Uebers. p. 4 U.)

قولُه وتُسْتَطَارا قال أراد تُسْتَطَارَنْ فقلب النونَ أَلفًا عند الوقف فهو فعلٌ يُبنَى آخِرُه مع النون فلا يتسلّط عليه [1] الجازمُ ونظيرُه قوله

✿ [2] اِضْرِبَ عَنْكَ الهُمُومَ طارِقَها ✿ ضَرْبَكَ بالسَّيْفِ قَوْنَسَ الفَرَسِ ✿

أراد اِضْرِبَنْ، وأصلُ هذه النون المؤكّدةِ أن لا تدخل إلّا على غيرِ الموجَب وربّما تدخل على الموجب لفَرْط التأكيد وذلك قولُك واللّهِ لَيَخْرُجَنّ زيدٌ، ويجوز أن ينتصب تستطارا باضمارِ أَنْ ومحلُّ أَنْ مع الفعل منصوبٌ لأنّ [3] الواو بمعنَى مَعَ وعاملُه تَرْجُفْ، واسْتُطِيرَ واسْتُخِفَّ واستُفِزَّ وازْدُهِيَ بمعنًى، حواشي Leyd.

Zu p. ١ Z. 10 (Uebers. p. 5)

الظاهرُ انّ مصعدا حالٌ من الفاعل ومنحدرا من المفعول وذكر بعضُهم العكسُ أَوْلى لِما فى هذا (d. i. nach der ersten Constr.) من الفصل بين الفاعل وما هو حالٌ منه بالمفعول

---

1) d. i. in dem Verse die hypothetische Qualität des Satzes.

2) Eine Kürzung der leichten energetischen Form, die sonst nur vorkommt, wenn der erste Buchstabe des folgenden Wortes vocallos ist. Vgl. Mufaṣṣal p. 156 Z. 3 ff. (Metrum des Verses ist Munsariḥ.) Den Vers erklärt Sujûṭî im شرح شواهد مغنى اللبيب (Ms. der Berliner kgl. Bibl. Sammlung Petermann Nr. 666. Fol. 198) folgendermaassen:

قيل قائله طَرَفَةُ بن العبد وقيل انّه مصنوعٌ عليه، وطارِقَها بدلٌ من الهموم وهو مِن طرق الرجلُ اذا اتى اهلَه ليلًا، وضَرْبَكَ مصدرٌ نَوْعِيٌّ يضاف الى فاعله وأصلُه كضَرْبك، وقَوْنَسَ مفعولُ المصدر وهو بفتح القاف والنونِ بينهما واوٌ ساكنةٌ وآخِرُه سينٌ مهملةٌ العَظْمُ الناتِئُ بين أُذْنَيِ الفرس، Vgl. Ḥamâsa I. p. 217 Z. 7 U.

3) Also Waw statt مَعَ أَنْ. Vgl. Caspari gr. §. 398 Nr. 5. De Sacy gr. II. p. 27.

وكذلك بين المفعول وما هو حال منه بالحال (d. i. durch das Ḥâl des فاعل) وفى هذا (d. i. nach der zweiten Constr.) لا يلزم الّا فصلٌ واحدٌ، C. Muf. L.

Zu p. ۴ Z. 11. 12. (Uebers. p. 6.)

عن المصنّف، سُئلتُ عن ناصبِ شيخا فقلت ما فى حرف التنبيه او فى اسم الاشارة من معنى الفعل فقيل لى أمّا استقرّ من اصولهم انّ العامل [فى الحال] وذيها يجب ان يكون واحدا وقد اختلف العاملُ ههنا حيث جعلتَه فى الحال المعنى الذى ذكرته[1] قبل ذيها فقلتُ تحقيقُ الكلام فيه انّ التقديرَ هذا بعلى أُنبّه عليه شيخا فالضميرُ هو ذو الحال، C. Muf. L. (grösstenth. unp.)

Zu p. ۴ Z. 14 (Uebers. p. 6.)

إنّما امتنع تقديمُ الحال على ذى الحال المجرورِ من قِبَلِ أنّ الحال صفةٌ فى الأصل والصفةَ من التوابع وأحسنُ أحوال التابعِ أن يقعَ موقع المتبوع والمجرورُ لا يصحّ أن يتقدّم على الجارّ فكيف يصحّ أن يتقدّم عليه ما هو تابعٌ للمجرور، ح Leyd.

Zu derselben Stelle

اى لا تتقدّم الحال على ذيها المجرورِ عند جميع النحويّين خِلافًا لابن كَيْسانَ لقوله تعالى[2] مَا أَرْسَلْنَاكَ إِلَّا كَافَّةً لِلنَّاسِ والجوابُ انّه يحتمل ان يُنْصَب على المصدر اى رسالةً كافّةً او أنّه حالٌ من كافِ ارسلناك والتاء للمبالغة اى كافّا (?) عن الشرّ، C. Muf. L.

Zu p. ۸ Z. 11 U. (Uebers. p. 12.)

إن قيل لِمَ جاز وقوعُ المصدر حالا فالجوابُ أنّ المصدر مفعولٌ على الإطلاق فالمفعوليّةُ جوّزت ذلك، وأمّا وقوعُ اسم الفاعل موقعَ المصدر نحو قمتُ قائمًا فإنّما جاز لمُلابسةٍ بينهما وذلك أنّ القائم يكون له قيامٌ كما أنّ القيام له صاحبٌ، وقال سيبويه وقوعُ اسم المفعولِ موقعَ المصدر قياسٌ فى[3] ذوات الزوائد، ح Leyd.

قتلتُه صَبْرًا هو مِن صبرت الرجلَ اذا قتلتَه محبوسًا والصبرُ فى الأصل الحَبس إلّا أنّ المفعول جُعل نسْيًا مَنْسيًّا وهو النفسُ لأنّك اذا صبرتَ فقد حبستَ نفسَك عمّا تَهْواه وتطمح اليه، وقد رجع الى الأصل أبو ذُؤَيْبٍ فى قوله

---

1) während Regens des ذو الحال (بعلى) das Inchoativverhältniss ist.
2) Sure 34, 27.
3) d. i. in allen Verbalformen ausser der ersten.

[1] ✿ نَصَبْتُ عارِفَةً لذلك حُرَّةً ✿ تَـرْسُـو اذا نفسُ الجَبان تَطَلَّعُ ✿

اى نفسًا عـارفـةً، وتَطَلَّعُ اى تَرَقُّبُ طُلوعَ الحوادثِ، ح Leyd.

وضعوا اسمَ الفاعل موضعَ المصدر على سبيل التعويض كما وضعوا المصدرَ موضعَ الفاعل فى مثل قولهم رجلٌ صَوْمٌ وعَدْلٌ وأمثالِهما ويجوز أن يكون التقديرُ ايضا ذا قيامٍ على حذف المضاف وذو القيام القائمُ، ح Leyd.

قال لقيتُه كَفَّةَ كَفَّةَ هما مصدران وُضعا موضعَ الحال اى متكافِّيْن، وكـذلـك هـو[2] جَـارِى بَيْتَ بَيْتَ ولو قلت بيتَ بيتَ جارى لم يجز[3] اذ كان العاملُ ليس بفعلٍ ولا اسمَ فاعلٍ ولو قلت مُجاوِرِى او جَاوَرَنى لجاز اذ حينئذٍ يكون عاملا، ح Leyd.

Ueber die Redensart كَفَّةَ كَفَّةَ bemerkt der Muḥîṭ:[4]

لقيتُه كَفَّةَ كَفَّةَ مركَّبَتَيْن مبنيَّتَيْن على الفتح كخمسةَ عشرَ وَكَفَّةً لكَفَّةٍ وكفّةً عن كفّةٍ على فَكِّ التركيب اى كِفاحًا يعنى مُواجَهةً كأنّ كَفَّكَ مسّتْ كَفَّهُ، وذلك اذا لقيتَه فمنعتَه من النُهوض وَمَنَعَكَ،

In C. Lips. des Muf. folgen nach dem p. ٨ Z. 10 U. citirten Halbvers noch die Worte ونحو قوله ✿ كَفَى بالنَّأْيِ من أَسْمَآء كَافِ ✿. worüber vgl. Muf. p. 97 Z. 2 U. und Fleischer Beiträge zur arab. Sprachkunde 1866 p. 331 f. C. Lips. bemerkt zu كافٍ : اى كِفايةً.

Zu p. ١٠ Z. 3 ff. (Uebers. p. 16.)

وقولهم ذَهَبُوا أَيْدِى سَبَا عَلَمٌ موقعَ الحال لأنّ تقديره مثلَ ايدى سبا او مثلَ يَدَىْ سبا كما قيل[5] قَضِيَّةٌ ولا أبا حَسَنٍ لها اى ولا مثلَ عليٍّ لـهـا يعنىْ علىّ بن أبى طـالـبٍ فيكون فى تقدير نكرةٍ، ويجوز أن يكون معرفةً وقع موقعَ الحال وقيل أيدى سبا مذاهبُ وطُرُقٌ وقيل هى عبارةٌ عنهم كأنّه قيل تَفَرَّقوا أولادَ[6] سبا، ح Leyd.

---

1) Der Vers mit Uebersetzung bei Lane unter صبر. Nach der dort gegebenen Erklärung beschreibt ʿAntara seine Theilnahme an einer Schlacht.

2) im Sinne von: mein unmittelbar angrenzender Nachbar. Vgl. Muf. p. 70 Z. 1 und Lane I p. 280. 3) Vgl. Muf. p. 28 Z. 4-6 mit dem Comm.

4) Vgl. auch Muf. p. 70 Z. 1 und Z. 7 u. 6 U. 5) Vgl. Muf. p. 35 Z. 2.

6) Vgl. Freytag Arab. prov. I. p. 497 Nr. 4 über die grammatische Erklärung. Auch Muf. p. 70 Z. 4 und p. 71 Z. 6 ff. U.

Der Muḥîṭ-al-Muḥîṭ sagt über diese Redensart unter سبأ:

وقولهم تَفرّق القومُ أيدى سبا وأيادى سبا بإبدال الهمزة ألفًا اى تَبدّدوا تبدُّدًا لا اجتماعَ بعده وذلك لأنّ اللّه أرسل على تلك الأرض السَّيْلَ فأغرقها وأذهب جنّاتِها فانتزح سبأ وقومُه وتَبدّدوا فى البلاد فضُرب بهم المثلُ ؛

قولُه هذا بُسْرًا اى هذا التمرُ فى حال البسر يكون أطيبَ منه فى حال الرُطَبِ ؛ العاملُ فى ذى الحال والحالِ معنى التنبيه والإشارةِ وذو الحال المشارُ اليه وهو صفةُ ذا أعنى التمرَ ولا يجوز أن يكون ذَا لأنك تقول [1] ذا التمرُ بُسْرًا كما تقول هذا التمرُ بسرا ومعناه أُنَبِّهُ او أُشِيرُ ؛ ح Leyd.

لو قلت زيدٌ قائما اخوك لم يستقم ولو قلت هذا قائمًا اخوك [2] لاستقام ؛ C. Muf. L.

Zu p. ١٤ Z. 5 (Uebers. p. 23.)

الأصلُ فى الحال الصفةُ قال فمتى تأتّى إجراؤُها على الأوّل على جهة الوصفيّةِ لم يُعْدَل عنها وذلك اذا تَطابَقا تعريفًا او تنكيرًا كقولك جاء زيدٌ الراكبُ ورجلٌ راكبٌ فإذا لم يتأتّ عُدل الى النصب على الحال كقولك جاء زيدٌ راكبًا ؛ ويُقدَّم الثانى على الأوّل وهما نكرتان كقولك جاء راكبا رجلٌ لأنّ الصفة لا تَتقدّم على الموصوف ؛ ح Leyd.

Ebendort zu den Worten تنكير ذى الحال قبيحٌ:

ذو الحال مُؤكَّدٌ ولا يكون المؤكَّدُ إلّا معرفةً ألا ترى أنّه لا يقال جاءنى رجالٌ كلُّهم ؛ ذكر الشيخ عبد القاهر أنّه قد يحسن تنكيرُ ذى الحال غيرَ مقدَّمٍ عليه الحالُ كما جاء فى لفظ الراوى عن النبىّ صلّعم فجاء فَرَسٌ له سابقًا وعندى أنّ جَاء ههنا بمعنَى كَانَ كما فى قولهم ما جاءتْ حاجتك اى ما كانت حاجتك ؛ ح Leyd.

Zu p. ١٤ Z. 7 U. (Uebers. p. 24.)

امّا ارسلها العراك وأخواتُها فمذهبُ ابى علىّ انّها ليست بأحوال بل هى معمولةٌ [3] للأحوال اى ارسلها تعترك العراكَ وكذلك بواقيها ومذهبُ سيبويه وهو اختيارُ الزمخشرىّ انّها

---

1) in welchem Fall ذا Regens sein muss, also unmöglich ذو الحال sein kann.

2) Denn in زيد liegt kein Verbalbegriff, wie in هذا der von أُشِيرُ und von أُنَبِّهُ.

3) insofern der ganze Satz تعترك العراكَ Ḥâl und العِراكَ Maf'ûl muṭlaḳ ist.

مصادر معرفةٌ وُضعت موضعَ [1]النكرات ولا بعُد ان يكون اللفظُ معرفةً فى الاصل ثمّ يُنْقَل مجازا الى شيءٍ منكّرٍ ويجوز ان يقال انّ التعريف ليس بمعهودٍ فى الوجود وانّما هو معهودٌ فى الذِهْن والمعهودُ فى الذهن [2]يكون باعتبار الوجود فى المعنى كالنكرات٬

ERKLÄRUNGEN ZU DEN VERSEN.

Zu p. ٣ Z. 2 U.

Der ganze Vers im Kaššâf zu Sure 5, 4:

✿ وذا النُصُبَ المنصوبَ لا تَعْبُدَنَّهُ ✿ ولا تَعْبُدِ الشَيْطانَ واللّهَ فاَعْبُدَا ✿

Dazu die Erklärung des Muḥibb-ed-dîn (Supplement zur Bulaker Ausgabe des Kaššâf p. 77):

كانت لهم حجارةٌ منصوبةٌ حَوْلَ البيت يذبحون عليها ويُشرِّحون اللحمَ عليها يُعظِّمونها بذلك ويتقرّبون به اليها تسمّى الأنصابَ والنُصُبُ واحدٌ دلّ على إفراده بذكر اسم الاشارة٬

Zu p. ١١ Z. 7.

Der Vers wird von ʿAinî in dem فرائد القلائد betitelten شرح الشواهد zu vier Commentaren der ʾAlfijja (vgl. Ḥâǵi Chalfa ed. Flügel I. p. 412 f.) so erklärt (Ms. der Berliner Königl. Bibl., Sammlung Sprenger No. 1039 fol. 116):

الواو فى وزوّدت للحال٬ وأَوْ بمعنَى بَلْ وهكذا رُوِى ايضا٬ والشاهد فى منه اطيب حيث قدّم المجرورَ بِمِنْ على أفعل التفضيل والحالُ انّه غيرُ الاستفهام وهو قليلٌ٬

Zu p. ١١ Z. 5 U.

Der türkische Ḳâmûs erklärt:

ملاءه ريطه معناسنه در كه خاتونلرك بورندكلرى چاردر بر اندن يا ايكى ايدوب تمام وجودلرينى بوريبوب اورتنورلر جمعى ملاء كلور هاسز٬

مُلاءةٌ, synonym mit رَيْطَةٌ, ist ein Shawltuch, in welches die Frauen sich einhüllen. Indem sie dasselbe ein- oder zweimal um den Leib schlagen, hüllen sie sich ganz darin ein. Der Plural ist مُلاءٌ ohne Hâ. Ueber چار vgl. Zenker türk. Wörterbuch. Die Abbildung einer

---

1) Ms. النكات, ebenso nachher.

2) Ms. ويكون.

in die milâje, wie das Wort heutzutage lautet, gehüllten Frau giebt Lane in Manners and Customs of the modern Egyptians. 1. Ausg., London 1836, zu S. 53 des 1. Bds." Fleischer.

Zu p. ١۴ Z. 7 U.

Der Vers bei ʿAinî a. a. a. fol. 87.

قاله لَبِيد العامرىّ، الضمير المنصوب فى ارسلها يرجع الى الآتن والمرفوع الى الحَمَّار، والشاهد فى العراك بأنه حالٌ وهو معرّفٌ على بتأويلِ معتركةً العراكَ ففى الحقيقة هو معمولُ الحال المحذوفةِ او هو مصدرٌ فى موضع الحال او معمولُ فعلٍ مقدّرٍ اى تعترك العراكَ، يقال اورد إبلَه العراكَ اذا أوردها جميعا الماء من قولهم اعترك القومُ [اذا] ازدحموا فى المَعْرَكة، ولم يَذُدْهَا عطفٌ على فأرسلها من ذُدْتُ الإبلَ شققتها (سُقْتُها .l) وطردتُها، والنغص بفتح النون والغين المعجمة وفى آخِره صادٌ مهملةٌ مصدرُ نَغِصَ الرجلُ بالكسر اذا لم يتمّ مرادَه وكذلك البعيرُ اذا لم يتمّ شربَه، والدِخال من المُداخَلة، حاصل المعنى أنّه أرسل الآتن الى الماء مزدحمةً لمداخلةِ بعضِها بعضًا ووقف هو اعنى الحَمّار على موضعٍ عالى (عالٍ .l) ينظر لها خَوْفا من [1]حائلٍ يهجم عليها فى الماء،

Z. p. ١٧ Z. 4.

Der Halbvers, abweichend, bei ʿAinî a. a. O. fol. 84; لِمَيَّةَ statt لِعَزَّةَ; قديم fehlt.

قاله [2]كُثَيِّرٌ وتمامُه ٭ يَلُوحُ كأنّه خِلَلُ ٭ وطَلَلٌ مبتدأٌ وهو ما شَخَصَ من آثار الديار ولِمَيَّةَ خبرُه، والشاهد فى مُوحِشًا حيث وقع حالا من طلل وهو نكرةٌ فلذلك تقدّمت عليه وقيل الحقّ انّه حالٌ من الضمير فى الخبر وهو معرفةٌ وفيه نَظَرٌ لانّ المضمر لا يعمل والابتداء ايضا لا يعمل فى الفَضْلات، قوله يلوح اى يَلْمَحُ وخِلَلٌ بكسر الخاء المعجمة جمعُ

1) حائل.. kann hier mit Rücksicht auf يهجم nichts Anderes bedeuten als einen persönlichen حائل (intercedens), nämlich بين الحَمّار والماشية, einen Viehräuber, der sich etwa zwischen den حمّار und seine Schutzbefohlenen werfen und diese mit Gewalt fortführen könnte." Fleischer.

2) gewöhnlich كُثَيِّرُ عَزَّةَ genannt; vgl. Mehren Rhetorik der Araber p. 288.

خِلَّةٍ بالكسر وهى بطانةٌ تُغَشَى بها أجفانُ السيوف منقوشةٌ بالذهب وسُيورٌ ايضا تلبس ظَهْرَ القِسِيّ ؛

موحشًا حالٌ من طللٍ قديمٍ وهو عليه ههنا بحثٌ وهو أن يقال طلل قديم مبتدأٌ فيكون العامل فيه الابتداء وموحشا حالٌ والعاملُ فيه معنى الفعل وهو لِعَزّةَ فيكون العاملُ فى الحال وذى الحال مختلفا لكنّه تقريرٌ غيرُ مذهبهم انّ العامل فيهما يجب ان يكون واحدا، واما مذهب سيبويه فإنّ ذا الحال هو الضميرُ المستترُ فى معنى الفعل فطَلَلٌ قديمٌ مبتدأٌ وتقديرُه طللٌ قديمٌ حصل لعزّة موحشًا فلمّا حُذف الفعل أُقيم الظرفُ مقامَه؛ C. Muf. L.

Zu p. ١٨ Z. 5.

'Ainî erklärt a. a. O. fol. 85:

قاله سالمُ بن دارةَ اليَرْبُوعِيّ يهجو فَزارَةَ، الشاهد فى معروفا فإنّه حالٌ مُؤَكِّدةٌ لمضمون الجملة الاسميّة اعنى انا ابن دارة، وبِهَا نائبٌ عن الفاعل ونسبى فاعلُ معروفا وهلا استفهامٌ على وجه الإنكار ومِنَ زائدةٌ والتقديرُ هل عارٌ بدارة، ويا لَلنّاسِ معترِضٌ بين المبتدإ والخبر ويا لمجرَّدِ التنبيه او للنِداء والمنادى محذوفٌ اى يا قومُ واللامُ مفتوحةٌ للتعجُّب، (Vgl. Muf. p. 19 Z. 5).

Zu p. ٢١ Z. 6 U.

Der Vers bei 'Ainî a. a. O. fol. 150, welcher erklärt:

قاله الحُطَيْئة، الشاهد فى مَتَى حيث جزم الفعلَيْن وهما تَأْتِهِ وتَجِدْهُ واما تَعْشُو فانه مرفوعٌ فى موضع الحال والتقدير عاشِيًا من عَشَا اذا أتى نارًا يرجو عندها خيرًا وخيرَ نارٍ بالنصب مفعولُ تجد وخَيْرُ مُوقِدٍ كلامٌ إضافىٌ مبتدأٌ وخبرُه عِنْدَهَا مُقدَّمًا والجملةُ فى محلّ الجرّ لانّها صفةٌ للنار،

Zu p. ٢٢ Z. 8 U.

Der Vers bei 'Ainî a. a. O. fol. 91, welcher erklärt:

قاله ابو العَخْر الهُذَلِيّ، الواو للعطف ولتعرونى خبرُ إنّ من عراه الشىء اذا غَشِيَه واللامُ

للتاكيد والشاهدُ فى لذِكْراكِ حيث أُبرزت فيه لامُ التعليل لعدم بعض شروط النصب بااللام المقدّرة وهو اتّحادُه بالفاعل[1] وذلك لانّ لِذكراك فاعلُه المتكلّمُ وفاعلُ تعرونى هِزّةٌ (so bei ʿAinî statt نفضةٌ)، والكافُ للتشبيه ومَا مصدريّةٌ وبلّله القطرُ حالٌ من العصفور بتقديرِ قَدْ كما فى أَوْ جَآؤُكُمْ [حَصِرَتْ صُدُورُهُمْ اى] حَصِرَةً، (Sure 4, 92)

---

1) Vgl. Muf. p. 27 Z. 11.

S. ١—٣٧ gedruckt von W. Drugulin in Leipzig

S. 1—52 und ٣٨ gedruckt in der Buchdruckerei des Waisenhauses in Halle a/S.

باب الحال
مِن كتاب شَرْح مُفصَّلِ الزمخشري
للعلّامة المحقّق ابن يعيش

قال صاحب الكتاب الحالُ شَبَهُ الحال بالمفعول من حَيْثُ أنّها فَضْلَةٌ مثله جاءتْ بعد مُضِيّ الجملةِ ولها بالظرف شَبَهٌ خاصٌّ من حيث أنّها مفعولٌ فيها ومَجِيئُها لبَيانِ هَيْئةِ الفاعل او المفعولِ وذلك قولُك ضربتُ زيدا قائمًا تجعلُه حالا مِن أيّهما شئتَ وقد تكون منهما ضَرْبَةً على الجمع والتفريقِ كقولك لقيتُه راكبَيْن قال عَنْتَرَةُ

❊مَتَيمَا تَلْقَنى فَرْدَيْنِ تَرْجُفْ❊ رَوانِفُ أَلْيَتَيْكَ وتُسْتَطارا❊

ولقيتُه مُصْعِدًا ومُنْحَدِرًا،

قال الشارح اعلمْ أنّ الحال وَصْفُ هَيْئةِ الفاعل والمفعولِ وذلك نحوُ جاء زيدٌ ضاحِكًا وأقبل محمّدٌ مُسْرِعًا وضربتُ عبدَ اللّه باكيًا و لقيتُ الأميرَ عادِلًا والمعنى جاء عبدُ اللّه فى هذه الحال ولقيتُ الأميرَ فى هذه الحال ، واعتبارُه بأن يقع فى جوابِ كَيْفَ فإذا قلتَ أقبل عبدُ اللّه ضاحكا فكأنّ سائلًا سأل كيف أقبل فقلتَ أقبل ضاحكا كما يقع المفعولُ له فى جوابِ لِمَ فعلتَ ، وإنّما سُمّى حالا لأنّه لا يجوز أن يكون اسمُ الفاعل فيها إلّا لِمَا أنت فيه تَطاوَلَ الوقتُ أم قَصَرَ ولا يجوز أن يكون لِمَا مضى وانقطع ولا لِمَا لم يأتِ من الأفعال إذِ الحالُ إنّما هى هيئةُ الفاعل او المفعولِ وصفتُه فى وقت ذلك الفعلِ، و الحالُ تُشْبِه المفعولَ وليست به ألا ترى أنّه يعمل فيها الفعلُ اللازمُ غيرُ المتعدّى نحوُ جاء زيدٌ راكبًا وأقبل عبدُ اللّه مُسْرِعًا

فأَقْبَلَ وجَاء فعلان لازمان غيرُ متعدّيَيْن وقد عَمِلَا فى الحال فدلّ ذلك أنّها ليست مفعولةً كضَرَبَ زيدٌ عمرًا، و ممّا يدلّ أنّها ليست مفعولةً أنّها هى الفاعلُ فى المعنى وليست غيرَه فالراكبُ فى جاء زيدٌ راكبا هو زيدٌ وليس المفعولُ كذلك بل لا يكون إلّا غيرَ الفاعل او فى حُكْمه نحوَ ضرب زيدٌ عمرًا ولذلك امتنع ضربتُنى وضربتَك لاتّحاد الفاعل والمفعولِ، فأمّا قولهم ضربتُ نفسى فالنفسُ فى حكم الأَجْنَبِيّ ولذلك يُخاطِبها زَبُّها[1] فيقول يا نفسى أَقْلِعِى مخاطَبَةَ الاجنبيّ ولو كانت الحالُ مفعولةً لجاز أن تكون معرفةً ونكرةً كسائر المفعولين فلمّا اختصّت بالنكرة دلّ على أنّها ليست مفعولةً، وإذ قد ثبت أنّها ليست مفعولةً فهى تُشْبِه المفعولَ من حيث أنّها تجىء بعد تَمام الكلام واستغناء الفعل بفاعله وأنّ فى الفعل دليلا عليها كما كان فيه دليلٌ على المفعول ألا ترى أنّك إذا قلت قمتُ فلا بُدَّ أن تكون قد قمتَ فى حالٍ من الأحوال فأشْبَهَ قولُك جاء عبدُ اللّه راكبا [قولَك] ضَرَبَ عبدُ اللّه رجلا ولأُجْل هذا الشَبَهِ[2] استحقّت أن تكون منصوبةً مثلَه، وقولُه ولها بالظرف شَبَهٌ خاصٌّ يعنى أنّ الحال تُشْبِه المفعولَ على سبيل العُموم من الجهات التى ذكرناها ولا تَخُصّ[3] مفعولا دون مفعولٍ ولها شَبَهٌ خاصٌّ بالمفعول فيه وخُصوصًا ظرفِ الزمان وذلك لأنّها تُقدَّر بفِى كما يُقدَّر الظرفُ بفِى فإذا قلت جاء زيدٌ راكبا تقديرُه فى حال الركوبِ كما أنّك إذا قلت جاء زيدٌ اليَوْمَ كان تقديرُه جاء زيدٌ فى اليوم وخصّ الشَبَهُ بظرف الزمان لأنّ الحال لا تبقى بل تنتقل الى حالٍ أُخْرَى كما أنّ الزمان مُنْقَضٍ[4] لا يبقى ويَخْلُفُه غيرُه ولذلك لا يجوز أن تكون الحالُ خِلْقَةً فلا يجوز جاءنى زيدٌ أَحْمَرَ ولا أَحْوَلَ ولا طويلًا فإذا قلت متحاوِلا او متطاوِلا جاز لأنّ ذلك شىء يفعلُه وليس بخِلْقَةٍ فيجوز انتقالُه، والحالُ تكون بَيانا لهَيْئة الفاعلِ او المفعولِ فتقول جاء زيدٌ قائمًا فتكون بيانا لهيئة الفاعلِ الذى هو زيدٌ وتقول ضربتُ زيدا قائما فتكون بيانا لهيئة المفعول، وقولُه تجعلُه حالا من أيِّهما شئتَ يعنى أنّك اذا قلت ضربتُ زيدا قائما إن شئتَ جعلتَه حالا من الفاعل الذى هو التاء وإن شئت

1) B. زحرا. 2) L. التشبيه. 3) sc. بالشَبَهِ. 4) B. منقضى L. منتقص.

جعلتَه حالا من المفعول الذى هو زيدٌ ، وهذا فيه تسمُّحٌ وذلك أنّك اذا جعلتَ الحال من التاء وجب أن (1)تُلاصِقه فتقول ضربتُ قائما زيدا فإذا (2)أزلتَ الحالَ عن صاحبها فلم تلاصقه لم يجز ذلك لِما فيه من اللَّبْس إلّا أن يكون السامعُ يعلمه كما تعلمه فإن كان غيرَ معلومٍ لم يجز وكان إطلاقُه فاسدا ، وقد تكون الحالُ منهما مَعًا فان كانتا متّفِقَتَيْن نحوَ قائمٍ وقائمٍ او ضاحكٍ وضاحكٍ فأنت مخيَّرٌ إن شئت فرقتَ بينهما فقلت ضربتُ زيدا قائما قائما تجعلُ أحدَهما للفاعل والآخَرَ للمفعول ولا تُبالى (3)أيَّهما جعلتَ للفاعل لأنّه لا لَبْسَ فى ذلك وإن شئت جمعتَ بينهما وقلت ضربتُ زيدا قائمَيْن لأنّ الاشتراك قد وقع فى الحال والعاملُ واحدٌ وصار كأنّك قلت ضربتُ قائما زيدا (4)قائما واستغنيتَ بالتثنية عن التفريق قال الشاعر

✻ مَتَى مَا تَلْقَنِى فَرْدَيْنِ تَرْجُفْ ✻ رَوانِفُ أَلْيَتَيْكَ وتُسْتَطارَا ✻

البيتُ لعَنْتَرَةَ وقبله

✻ أَحَوْلِى تَنْفُضُ ٱسْتُكَ مِذْرَوَيْهَا ✻ لتَقْتُلَنِى فَهَا أَنَا ذَا عُمَارَا ✻

والشاهدُ فيه قوله فردَيْن وهو حالٌ من الفاعلِ والمفعولِ اى أنَا فَرْدٌ وأنت فردٌ ، والرَوانفُ جمعُ رانِفَةٍ والرانِفةُ أَسْفَلُ الأَلْيَةِ وطَرَفُها ممّا يلى الأرضَ من الإنسان اذا كان قائما ، وأمّا قوله وتُسْتَطارَا فيحتملُ وُجوهًا أحدُها أن يكون مجزوما بحذف النون والأصلُ تُسْتَطارَانِ فالضميرُ للروانف وعاد اليها الضميرُ بلفظ التثنية وإن كان جَمْعا لأنّها تثنيةٌ فى المعنى لأنّ كلّ أَلْيَةٍ لها رانِفةٌ فهو من قبيلِ وَقَدْ صَغَتْ قُلُوبُكُمَا ، والثانى أن يكون عائدا الى الاليتَيْن ، (5)الثالثُ أن يكون الضميرُ مفردا عائدا الى المخاطَب والألفُ بَدَلٌ من نون التأكيد والأصلُ (6)تستطارَنْ فأَبْدَلَ من النون ألفا كما فى قوله ✻ ولا تَعْبُدوا الشيطانَ واللّهَ فاعْبُدَا ✻ يُخاطِب قرينَه ويصف نفسَه بالشَهامة ، وأمّا قولهم رأيتُ زيدا مُصْعِدًا منحدِرًا ورأيتُ زيدا ماشيًا راكبًا

---

1) B. تكون صفة. 2) B. زالت. 3) L. انهما. In B. unpunktirt. 4) قائما fehlt in L. 5) L. والاخر. 6) L. تستطاران. Die Textlesart auch in den Leydener حواشى.

أحدَهما مصعدا والآخرَ منحدرا وأحدَهما ماشيا والآخرَ راكبا فالمرادُ أن تكون أنت المُصْعِدَ وزيدٌ المنحدرَ فيكون مصعدا حالا للتاء ومنحدرا حالا لزيدٍ وكيف قدّرتَ بعد أن يعلم المخاطَبُ المصعدَ من المنحدر فإنّه لا بأسَ عليك بتقدُّم أيِّ الحالَيْن شئتَ، واعلمْ أنّه قد يكون للإنسان الواحدِ حالان فصاعدًا لأنّ الحال خبرٌ والمبتدأُ قد يكون له خبران فصاعدا فتقول هذا زيدٌ واقفًا ضاحكا متحدّثا، ولا يجوز ذلك [1] إن تضادّت الأحوالُ نحوَ هذا زيدٌ قائما قاعدا كما لا يجوز مثلُ هذا زيدٌ قائمٌ قاعدٌ فإن أردتَ أن تسبك من الحالَيْن حالا واحدةً جاز كما يجوز أن تسبك من الخبرَيْن خبرا واحدا فتقول هذا الطعامُ حُلْوًا حامِضًا كأنّك أردتَ هذا الطعامُ مُزًّا فسبكتَ من الحالَيْن معنًى كما تقول فى الخبر هذا حُلْوٌ حامضٌ،

قال صاحب الكتاب والعاملُ فيها إمّا فعلٌ وشِبْهُه من الصفات او معنى فعلٍ كقولك فيها زيدٌ مُقِيما وهذا عمروٌ منطلقا وما شأنُك قائما وما لك واقفا وفى التنزيل هَٰذَا بَعْلِي شَيْخًا وفَمَا لَهُمْ عَنِ ٱلتَّذْكِرَةِ مُعْرِضِينَ ولَيْتَ ولَعَلَّ وكَأَنَّ ينصبْنَها أيضا لِما فيهنّ من معنى الفعل فالأوّلُ يعمَل فيها متقدِّما ومتأخِّرا ولا يعمل فيها الثانى إلّا متقدِّما وقد منعوا فى مررتُ راكبا بزيدٍ أن يُجْعَلَ الراكبُ حالا من المجرور،

قال الشارح اعلمْ أنّ الحال لا بدّ لها من عاملٍ اذ كانت مُعْرَبَةً والمعربُ لا بدّ له من عاملٍ ولا يكون العاملُ فيها إلّا فعلا او ما هو جارٍ مجرى الفعل من الاسماء او شيئًا فى معنى الفعل لأنّها كالمفعول فيها، فمثالُ العامل اذا كان فعلا قولُك جاء زيدٌ ضاحكا فزيدٌ مرتفعٌ بأنّه فاعلٌ وضاحكا حالٌ منه والعاملُ فيهما الفعلُ المذكورُ الذى هو جَاء لأنّ الحال صفةٌ من جهة المعنى ولذلك اشتُرط فيها ما يُشْتَرط فى الصفات من الاشتقاق نحوَ ضاربٍ ومضروبٍ وشِبْهِهما فكما أنّ الصفة يعمل فيها عاملُ الموصوف فكذلك الحالُ يعمل فيها العاملُ فى صاحب الحال إلّا أنّ عمَله فى الحال على سبيل الفضلةِ لأنّها جاريةٌ مجرى المفعول وعمَلَه فى الصفة على سبيل الحاجة اليه إذ كانت مبيِّنةً للموصوف فجرت مجرى [2] حرفِ التعريفِ وهذا أحدُ الفُروق بين الصفة والحالِ

1) L. اذا. 2) B. حروف.

وذلك أنّ الصفة تفرق بين اسمَيْن مشترَكَيْن فى اللفظ والحالُ زيادةٌ فى الفائدة والخبرِ وإن لم يكن الاسمُ مشاركًا فى لفظه ألا ترى أنّك اذا قلت مررتُ بزيدٍ القائمِ فأنت لا تقول ذلك إلّا وفى الناس رجلٌ آخَرُ اسمُه زيدٌ وهو غيرُ قائمٍ ففصلتَ بالقائم بينه وبين مَن له هذا الاسمُ وليس بقائمٍ وتقول مررت بالفَرَزْدَقِ قائمًا وإن لم يكن احدٌ اسمُه الفرزدق غيرُه فضممتَ الى الإخبار بالمرور خبرا آخرَ متّصِلا به مُفيدًا إلّا [1]أنّ الخبر بالمرور على سبيل اللُزوم [2]لانّه به انعقدتِ الجملةُ والإخبارَ بالقيام زيادةٌ يجوز الاستغناء عنها، ومثالُ ما كان جاريًا مجرى الفعل من الاسماء اسمُ الفاعل واسمُ المفعول والصفةُ المشبَّهةُ باسم الفاعل نحوُ قولك زيدٌ ضاربٌ عمرا قائما فقائمٌ حالٌ من عمرٍو والعاملُ فيه اسمُ الفاعل وتقول زيدٌ مضروبٌ قائما فتكون الحالُ من المضمر [3]فى اسم المفعول وهو العاملُ وتقول زيدٌ حسنٌ قائما فتكون الحالُ من المضمر فى الصفة وهى العاملةُ فى الحال لأنّها مشبَّهةٌ باسم الفاعل على ما سيأتى بَيانُه، ومثالُ العامل فيها اذا كان معنى فعلٍ قولُك زيدٌ فى الدار قائما فقائمٌ حالٌ من المضمر فى الجارّ والمجرورِ وهو العاملُ فيها لنِيابَتها عن الاستقرار فهذا العاملُ معنى فعلٍ لأنّ لفظ الفعل ليس موجودا، هذا اذا جعلتَه ظرفا لزيدٍ ومستقِرّا له فإن جعلتَه ظرفا للقائم قلت زيدٌ فى الدار قائمٌ [4]فترفع قائما بالخبر ويكون الظرفُ صلةً له، واعلمْ أنّه اذا كان العاملُ فيها فعلًا جاز تقديمُ الحال عليه فتقول جاء زيدٌ قائما وجاء قائما زيدٌ كلُّ ذلك جائزٌ لتصرُّف الفعل وكذلك ما أَشْبَهَهُ [5]الفعلُ من الصفات يجوز تقديمُ الحال عليه اذا كان عاملا فيه فتقول زيدٌ ضاربٌ عمرا قائما وقائما زيدٌ ضاربٌ عمرا وكذلك اسمُ المفعول والصفةُ المشبَّهةُ باسم الفاعل حُكْمُ الجميع شىءٌ واحدٌ، فإن كان العاملُ فى الحال معنًى فعلٍ لم يجز تقديمُها على العامل تقول فيها زيدٌ مُقيمًا [6]وعندك عمرٌو جالِسًا فزيدٌ مرتفعٌ بالابتداء وفِيهَا الخبرُ قد تَقَدَّمَ ومقيمًا حالٌ من المضمر فى فِيهَا والعاملُ فيه الجارُّ والمجرورُ لِنيابَته عن الفعل الذى هو اِسْتَقَرَّ فقولُك

---

1) B. لان. 2) L. لان. 3) Die Worte von فى اسم bis من المضمر fehlen in L. 4) L. فرفع.
5) الفعل fehlt in L. 6) Die Worte von وعندك bis تقدّم fehlen in L.

عِنْدَكَ ظرفٌ منصوبٌ بِاسْتَقَرَّ العاملِ المقدَّرِ وكذلك فِيهَا فى مَحَلِّ نصبٍ باستقرّ المقدَّرِ وهذا الظرفُ والضميرُ الذى فيه فى محلّ مرفوعٍ على الخبر وليس (1الظرفُ خبرا فى الحقيقة اذ كان مفردا وليس الأوّلَ وإنّما هو موضعٌ له ومكانٌ (2وإذ كان كذلك فالعاملُ اذًا معنى الفعل لا لفظُه ألا ترى أنّ لفظ الفعل ليس موجودا فى اللفظ ولذلك لا تقول مُقيمًا فيها زيدٌ فتُقدِّمَ الحالَ هنا اذ كان العاملُ معنًى هذا مذهبُ سيبويه فى أنّ الاسمَ يُرْفَع بالابتداء، وقال الكوفيّون اذا تَقدّمَ الظرفُ ارتفع الاسمُ به واذا تَأخّرَ ارتفع الاسمُ بضميرٍ مرفوعٍ فى الظرف، وحُجّةُ سيبويه أنّا رأيناهم اذا (3أدخلوا على الظرف أَنَّ ونَحْوَها من عوامل (4الابتداء انتصب الاسمُ بعد الظرف به كقولك إنّ فى الدار زيدا فلو كان فِي الدّارِ يرفع زيدا قبل دخول إنّ لَمَا غيّرتْها إنّ عن العمَل كما أنّا لو قلنا أَنْ يقومَ زيدٌ لم يجز أن يُبْطَل عمَلُ يَقُومَ فى زيدٍ بل يقال أن يقومَ زيدٌ كذلك إنّ فى الدار زيدا، وممّا يدلّ على بُطْلانِ ما قالوه إجماعُهم على جوازِ فى داره زيدٌ فلو كان ارتفاعُ زيدٍ بالظرف لم تجز المسألةُ لأنّ فيها إضمارًا قبل الذِكْر (5اذ الظرفُ قد وقع فى مرتبته فلم يجز أن يُنْوَى به التأخيرُ، وإنّما (6يُجِيزُ سيبويه وأصحابُه فى داره زيدٌ لأنّه خبرٌ قَدَمَ اتّساعًا فجاز أن يُنْوَى به التأخيرُ الى موضعه فاعْرِفْهُ، فعلى هذا يكون الظرفُ لزيدٍ ويتعلّق بِاستقرارٍ محذوفٍ على ما شرحنا ويجوز أن ترفع قائما على الخبر ويكون الظرفُ له ويتعلّق به لا بمحذوفٍ، ومن ذلك هذا عمرٌو منطلقًا فهَذَا مبتدأٌ وعمْرٌو الخبرُ ومنطلقا نصبٌ على الحال والعاملُ فيه أحدُ شيئَيْن إمّا (7التنبيهُ وإمّا الإشارةُ فالتنبيهُ بهَا والاشارةُ بذَا فإذا أعملتَ التنبيهَ فالتقديرُ أنْظُرْ اليه منطلقًا او اِنْتَبِهْ له منطلقًا وإذا أعملتَ الاشارةَ فالتقديرُ أُشِيرُ اليه منطلقًا والغرضُ أنّك أردتَ أن تُنبّه المخاطَب بعَمْرٍو فى حال انطلاقِه ولا بدّ من ذِكْرِ منطلقًا لأنّ الفائدة به منعقِدةٌ ولم تُرِدْ أن تُعرّفه إيّاه وأنت (8تُقدِّر أنّه يجهله كما تقول هذا عبدُ اللّه اذا أردتَ هذا المعنى، ولا يُسْتبعد لُزومُ الحال ههنا فإنّه

1) الظرف fehlt in L. 2) Beide Codd. واذا. 3) L. دخلوا. 4) B. الاسماء. 5) Beide Codd. اذا. 6) In L. unpunktirt, ausgefallen in B. 7) In L. hier und nachher durchweg التثنية. 8) L. عدز

قد يتّصل بالاسم والخبرِ ما ليس باسمٍ ولا خبرٍ ولا يتمّ الكلامُ إلّا به نحوَ قوله تع
وَلَمْ يَكُن لَهُ كُفُوًّا أَحَدٌ فإنّه ليس باسمٍ ولا خبرٍ ولو ([1]حُذف لَفَسَدَ الكلامُ لأنّه
معطوفٌ على الخبرِ وهو جملةٌ فلا بدّ من عائدٍ والعائدُ لَهُ ولو حذفت لبقيتِ الجملةُ
الخبريّةُ بلا عائدٍ ونظائرُ ذلك كثيرةٌ، فإن قيل فأنتم قد قررتم أنّ العامل فى الحال
يكون العاملَ فى ذى الحال والحالُ ههنا فى قولك هذا زيدٌ [مُقيمًا] من زيدٍ والعاملُ فيه
الابتداء من حيث هو خبرٌ والابتداء لا يعمل نصبًا ([2]فالجوابُ أنّ هذا كلامٌ محمولٌ
على معناه دون لفظه والتقديرُ أُشيرُ اليه او ([3]اِنْتَبِهْ له على ما تقدّمَ فى قولنا فهو
مفعولٌ من جهة المعنى وَصَلَ الفعلُ اليه بحرف الجرّ فيكون من قبيلِ مررتُ بزيدٍ
قائما فاعرفْه، ويجوز الرفعُ فى قولك منطلقٌ من قولك هذا عبدُ اللّه منطلقًا قال
سيبويه ([4]هو عربىٌّ جيّدٌ حكاه يُونُسُ وأبو الخَطّاب عن مَن يوثَق به من العرب
وارتفاعُه من وجوهٍ منها أنّك حين قلت هذا عبدُ اللّه [منطلقٌ] أضمرتَ هَذَا او
هُوَ كأنّك قلت هذا منطلقٌ او هو منطلقٌ، والوجهُ الآخَرُ أن تجعلهما جميعا خبرا
لِهَذَا كقولك هذا حُلْوٌ حامِضٌ لا تُريد أن تُنْقِص الحلاوةَ ([5]ولكنّك تزعمُ أنّه قد جمع
الطعمَيْن ونحوُه قولُه تعالى كَلَّا إِنَّهَا لَظَى نَزَّاعَةٌ لِلشَّوَى، والوجهُ ([6]الثالثُ أن تجعل
عبد اللّه معطوفا على هَذَا عَطْفَ بيانٍ كالوَصْف فيصير كأنّه قال عبدُ اللّه منطلقٌ،
ووَجْهٌ رابعٌ أن تجعل منطلقٌ بَدَلًا من عبد اللّه كأنّك قلت هذا عبدُ اللّه رجلٌ
منطلقٌ فيكون رجلٌ بدلا من عبد اللّه بَدَلَ النكرة من المعرفة ثُمّ حُذف الموصوفُ
([7]وأُقيم الصفةُ مقامَه، وأمّا قولهم ما شأنُك قائما وما لك واقفا فمَا استفهامٌ وهو
فى موضع رفعٍ بالابتداء وشأنُك الخبرُ او يكون شأنُك مبتدأً وما الخبرَ قد تَقدّمَ وقائما
([8]حالا والناصبُ لقائمًا شأنُك لأنّه فى معنَى ما تَصْنَعُ وما تُلابِسُ فى هذه الحال وكأنّه
شىءٌ عَرَفَه المتكلِّمُ من المسؤُل الذى هو الكافُ فى شأنك فسَأَلَهُ عن شأنه فى هذه
الحال وقد يكون فيه إنكارٌ لِقيامه ويسألُه عن السبب الذى أدّى اليه فكأنّه قال لِمَا

1) L. حذفت. 2) L. والجواب. 3) In L. unpunktirt. B. او انظر عليه. 4) L. وهو. 5) B. ولانك. 6) Beide Codd. الاخر. 7) B. واقمت. 8) L. حال.

قمتَ، وعلى هذا المعنى يجوز أن يكون قوله تعالى فَمَا لَهُمْ عَنِ ٱلتَّذْكِرَةِ مُعْرِضِينَ كأنّه أنكر إعراضَهم فوبّخهم على السبب الذى أدّاهم الى الإعراض فأخرجه (1مُخْرَجَ الاستفهام فى اللفظ، وتأويلُ ما لك قائما تأويلُ ما شأنُك قائما كأنّه قال ما (2تصنعون،

فأمّا قولهم مررتُ بزيدٍ راكبًا على أن تكون الحالُ من زيدٍ فإنّ ذلك جائزٌ (3لأنّ الحال قد تكون من المجرور كما تكون من المنصوب اذا كان العاملُ فى الموضع فعلًا لا خِلافَ فى جواز ذلك فإن تقدّمتَ الحالَ من المجرور على الجارّ والمجرورِ نحو قولك مررتُ راكبا بزيدٍ وأنت تجعل راكبا لزيدٍ فإنّ سيبويه وأبا بكرِ بنَ السّرّاجِ ومَن تبِعهما مَنَعَا من جواز ذلك لأنّ العامل وإن كان الفعلَ لكنّه لمّا لم يصل الى ذى الحال الذى هو زيدٌ إلّا بواسِطَة حرف الجرّ لم يجز أن يعمل فى حاله قبل ذِكْرِ ذلك الحرف وكما لا يجوز تقديمُ صاحب الحال على حرف الجرّ كذلك لا يجوز تقديمُ الحال عليه وقد أجازه ابنُ كَيْسانَ قياسًا اذ كان العاملُ فيه الفعلَ فى الحقيقة،

قال صاحب الكتاب وقد يقع المصدرُ حالا كما تقع الصفةُ مصدرا فى قولهم قُمْ قائما وفى قوله ❋ ولا خارِجًا مِن فِيَّ زُورُ كلامِ ❋ وذلك قتلته صَبْرًا ولقيته فُجاءةً وعِيانًا وكِفاحًا وكلّمته مُشافَهةً وأتيته رَكْضًا وعَدْوًا ومَشْيًا وأخذتُ عنه سَمْعًا اى مصبورا ومُفاجِئا ومُعايِنا وكذلك البواقى وليس عند سيبويه بقياسٍ وأَنْكَرَ أتانا رُجْلَةً وسُرْعَةً وأجازه المبرّدُ فى كلِّ ما دلّ عليه الفعلُ،

قال الشارح اعلمْ أنّ المصدر قد يقع فى موضع الحال فيقال أتيته رَكْضًا وقتلته صَبْرًا ولقيته فُجاءةً وعِيانًا وكلّمته مُشافَهةً والتقديرُ أتيته راكِضًا وقتلته مصبورا اذا كان الحالُ من الهاء فإن كان من التاء فتقديرُه [قتلته] صابرا ولقيته مُفاجِئا ومُعايِنا وكلّمته مُشافِها فهذه المصادرُ وشِبْهُها وقعتْ موقعَ الصفة وانتصبتْ على الحال كما قد تقع الصفةُ فى موقع المصدر المؤكِّدِ نحوَ قُمْ قائما والأصلُ قم قِيامًا ألا ترى انّه لا يحسن أن يُحْمَل على ظاهره فيقالَ أنّه حالٌ لأنّك لا تأمر بفعلِ مَن هو فيه، ومثلُه قولُه

1) مخرج steht zweimal in L. 2) Man erwartet تصنع. 3) Von hier an bis zu Ende des Abschnitts über das حال fehlen die diakritischen Zeichen in B. fast ganz, in L. grösstentheils.

❁على حِلْفَةٍ لا أَشْتِمُ الدَهْرَ مُسْلِمًا❁ ولا خارِجًا مِن فِيَّ زُورُ كلامِ❁

البيتُ للفَرَزْدَق وقبلَه

❁أَلَمْ تَرَنِي عاهَدْتُ رَبّي وإِنَّنِي❁ لَبَيْنَ رِتاجٍ قائمًا ومَقامِ❁

الشاهدُ فيه نصبُ خارِجًا مِن فِيَّ زُورُ كلامٍ ونَصْبَه لوُقوعه موقَعَ المصدرِ الموضوعِ موضعَ الفعل والتقديرُ عاهدتُ ربّى لا يخرج من فِيَّ زورُ كلامٍ خروجًا، ويجوز أن يكون قولُه ولا خارجا حالا والمرادُ عاهدتُ ربّى غيرَ شاتمٍ ولا خارجٍ اى عاهدتُه صادقًا وهو رأْىُ عيسى بن عمرو، والمعنى أنّه نابٍ عن (1 الهِجاء (2 وقَذْفِ المُحْصَناتِ وعاهَدَ اللّهَ على ذلك بين (3 رِتاج الكعبة وهو بابُها ومقامِ إبرهيم صلوات (4 اللّه عليه، والأوّلُ مذهبُ سيبويه وليس ذلك بقياسٍ مُطَّرِدٍ وإنّما يُسْتعمل فيما استعملتْه العربُ لأنّه شىءٌ وُضِع موضعَ غيره كما أنّ بابَ سَقْيًا ورَعْيًا وحَمْدًا لا يطّرِد فيه القياسُ فيقالَ فيه طَعامًا وشَرابًا، وكان أبو العَبّاس يُجيزُ هذا فى كلّ شىءٍ يدلّ عليه الفعلُ فأجاز أن تقول أتانا رُجْلَةً وأتانا سُرْعةً ولا يقال أتانا ضَرْبًا ولا أتانا ضَحِكًا لأنّ الضرب والضحكَ ليس من ضروب الإتيان لأنّ الآتِيَ ينقسم إتيانُه الى سُرْعةٍ وإبْطآءٍ وتوسُّطٍ وينقسم الى رُجْلَةٍ وركوبٍ ولا ينقسم الى الضرب والضحكِ وكأنّ تقول أنّ نصبَ مَشْيًا وشِبْهِه إنّما هو بالفعل المقدَّرِ كأنّه قال أتانا يمشى مَشْيًا، والصحيحُ مذهبُ سيبويه وعليه الزَجّاجُ لأنّ قول القائل أتانا مشيًا يصحّ أن يكون جوابا لقائلٍ قال كَيْفَ أتاكم زيدٌ، وممّا يدلّ على صحّة مذهب سيبويه أنّه لا يجوز أن تقول أتانا زيدٌ المَشْىَ مُعَرَّفًا وعلى قياس قول أبى العَبّاس يلزم أن يجوز ذلك لأنّه يكون تقديرُه أتانا زيدٌ يمشى المَشْىَ كما قالوا أَرْسَلَهَا العِراكَ والتقديرُ أرسلها تعترِكُ العِراكَ، وقد ذهب السِيْرافىُّ الى جوازِ أن يكون [مشيًا فى] قولك أتانا زيدٌ مَشْيًا (5 مصدرًا مؤكِّدًا والعاملُ فيه (6 أتانا لأنّ المَشْىَ نَوْعٌ من الإتيان ويكون من المصادر التى ليست من لفظ الفعل نحوَ أَعْجَبَنِي حُبًّا وكَرِهْتُه بُغْضًا وتَبَسَّمْتُ وَمِيضَ

---

1) Beide Codd. الهيجا. 2) L. وقدف, in B. unpunktirt. 3) L. رياح. 4) الله fehlt in L. 5) L. مصدر موكد; ausgefallen in B. 6) Beide Codd. اتانى.

البَرْقِ وهو قولٌ ([1][مَرْضِيٌّ] إلّا أنّ ([2]قوله لم ([3]تَرِدْ إلّا نكرةً يدلّ على ضُعْفه إذ لو كان مصدرا على ما ادّعاه لم يَمْتَنِعْ من وقوع المعرفةِ فيه فاعرِفْه ،

قال صاحب الكتاب والاسمُ غيرُ الصفةِ والمصدرِ بمنزلتهما فى هذا الباب تقول هذا بُسْرًا أَطْيَبُ منه رُطَبًا وجاء البُرُّ قَفِيزَيْن وصاعَيْن وكلّمتُه فاهُ الى فِيَّ وبايَعْتُه يَدًا بِيَدٍ وبِعْتُ الشاءَ شاةً ودرهمًا وبيّنتُ له حِسابَه بابًا بابًا ،

قال الشارح اعلمْ أنّ هذا الفصل قد اشتمل على مسائلَ من أبوابٍ متعدّدةٍ لكنّه جَمَعَها كلَّها كونُها اسماءً غيرَ صفاتٍ وقعتْ أحوالًا فمِن ذلك قولُهم هذا بُسْرًا أَطْيَبُ منه تَمْرًا فهَذَا مبتدأٌ وبسرا حالٌ وأطيب منه خبرُ المبتدإ وبسرا وتمرا حالان من المشار اليه لكنّ فى زمنَيْن لأنّ فيه ([4]تفضُّلَ الشىء فى زمانٍ من أزمانه على نفسه فى زمنٍ اخرَ ويجوز أن يكون الزمانُ الذى يَفْضُل فيه ماضيًا ويجوز أن يكون مستقبَلًا ولا بدّ من إضمارٍ ما يدلّ على المُضِيِّ فيه او على الاستقبالِ على حَسْبِ ما يراد فإن كان زمانا ماضيًا أضمرتَ إذْ وإن كان زمانا مستقبلًا أضمرتَ إذَا وكانت الاشارةُ اليه فى حالٍ ما هو لَمْحٌ ، والعاملُ فى الحال كَانَ المضمرةُ وفيها ضميرٌ من المبتدإ وهذه كَانَ التامّةُ وليست الناقصةَ إذ لو كانت الناقصةَ لوقع معها المعرفةُ وكنت تقول هذا البسرَ أطيبُ منه التمرَ لأنّ كَانَ تعمل فى المعرفة عَمَلَها فى النكرة فلمّا اختصّ الموضعُ بالنكرة عُلم أنّها التامّةُ وأنّ انتصاب الاسمَيْن على الحال لا على الخبر ، والعاملُ فى الظرفَيْن ما تَضمّنَه معنَى أَفْعَلَ وجاز أن تعمل فى الظرفَيْن لأنّها تضمّنت شيئَيْن معنى فعلٍ ومصدرٍ ألا ترى أنّك اذا قلت زيدٌ أفضلُ من عمرٍو فمعناه يزيد فَضْلُه عليه وكلُّ واحدٍ من الفعل والمصدرِ يجوز أن يعمل ، وذهب أبو علىّ الى أنّ العاملَ فى الحال الأوّلِ ما فى هَذَا من معنى الاشارةِ والتنبيهِ والعاملَ فى الحال الثانى أَفْعَلُ قال وذلك أنّه لا ([5]يخلو العاملُ فى قولهم بُسْرًا من أن يكون هَذَا او أَطْيَبُ او مضمرا ([6]وهو إذْ كَانَ او إذَا كَانَ فلا يجوز أن يكون العاملُ فيه أطيب

---

1) Hinter قول ist in B. eine Lücke angezeigt. 2) Beide Codd. كونه. 3) B. تات (unpunktirt). 4) Beide Codd. تفصل, ebenso nachher. Vgl. Ibn 'Akîl ed. Diet. p. ١٧٦ Z. 3 v. U. 5) L. يح. (Abbrev.). 6) L. هو.

وقد تَقدّمَ عليه لأنّ أفعلَ هذا لا يقوى قُوّةَ الفعل فيعملَ فيما قبله ألا ترى أنّك لا تُجيز أنت مِمّن أفضَلُ ولا مِمّن أنت أفضلُ فتُقدِّمَ الجارَّ والمجرورَ عليه لضُعْفه أن يعمل فيما تَقدّمَ عليه وإذًا لم يعمل فيما كان متعلّقا بحرفِ جرٍّ اذا تقدّم مع أنّ حرف الجرّ يعمل فيه ما لا يعمل فى غيره نحوَ هذا مارٌّ بزيدٍ وهذا (1مُعْطٍ لزيدٍ أمْسِ درهما (2فإن لا يعمل فيما لا يتعلّق بحرف الجرّ (3فَما شأنُه المفعولُ به أَوْلَى ، فأمّا قولُ الفَرَزْدَق

❀ (4فقالت لَنَا أَهْلًا وسَهْلًا وزَوَّدَتْ ❀ جَنَى النَّخْلِ او ما زَوَّدَتْ منه أَطْيَبُ ❀

فضرورةٌ (5وإذ كان كذا لم يعمل أطيب فى بسرا لتقدّمه عليه (5وإن لم يجز أن يكون العاملُ أَفْعَلَ كان إمّا هَذَا وإمّا المضمرَ فإن أعملتَ فيه المضمرَ الذى هو إذْ كانَ لزم أن يكون العاملُ فى إذْ المضمرةِ هَذَا او ما فيه من معنى الفعل غيرُه (6فإذْ كان العاملُ كذلك ولم يكن بدّ من إعمال عاملٍ فى الظرف أعملتَ هَذَا فى نفس الحال واستغنيتَ عن إعمال ذلك المضمرِ (7وإذ كان (8ذلك كذلك كان ما قاله الناسُ أنّه منصوبٌ على إضمارٍ إذْ كانَ على إرادتهم معنى هذا الكلامِ لا حقيقةَ لفظه ، وأمّا قولهم تَمْرًا فالعاملُ فيه أطيب ولا يمتنع أن يعمل فيه وإن لم يعمل فى بسرٍ لانّ ما تأخّرَ عنه لا يمتنع أن يعمل فيه كما عمِل فى الظرف (9فى قول أَوْسٍ

❀ فإنّا وَجَدْنَا العِرْضَ أَحْوَجَ ساعَةً ❀ الى الصَّوْنِ من رَيْطٍ مُلَاءٍ مُسَهَّمِ ❀

ألا ترى أنّ ساعةً معمولُ أحوج فكما عمل فى الظرف كذلك يعمل فى الحال اذا تأخّر عنه وهذا إنّما يكون فيما يتحوّل من نوعٍ الى نوعٍ آخَرَ نحوَ هذا عِنَبًا أطيبُ منه زَبِيبًا لأنّ العنب يتحوّل زبيبًا ولو قلت هذا عنبا (10أطيب منه تمرا لم يجز لأنّ العنب لا يتحوّل تمرا (11وإذ كان كذلك لم يجز فيه إلّا الرفعُ فتقول هذا عنبٌ

1) L. معطى زيد B. معطى لزيد. 2) B. فلأنّ. 3) L. ما. 4) Der Vers nach 'Ainî. Vgl. die Uebersetzung. In beiden Codd. unp. 5) Beide Mss. واذا. 6) Beide Codd. فاذا. 7) Beide Codd. واذا. 8) ذلك fehlt in L. 9) B. من. 10) L. اصب. 11) Beide Codd. واذا.

أطيبُ منه تمرٌ فيكون هَذَا مبتدأً وعنبٌ الخبرَ وأطيبُ منه مبتدأٌ آخَرُ وتمرٌ الخبرُ والجملةُ الثانيةُ فى موضع (¹صفةٍ لعنبٍ فاعرفْه ، وأمّا قولهم جاء البُرُّ قَفِيزَيْن وصاعَيْن فالمرادُ جاء البرُّ قفيزَيْن بدرهمٍ (²وصاعَيْن بدرهمٍ فقولُهم قفيزين حالٌ من البرّ وكذلك صاعَيْن فهما حالان وقعا موقعَ المشتقّ فكأنّه قال جاء البرُّ مسعَّرا او رَخِيصًا والكلامُ جملةٌ واحدةٌ ، ويجوز رَفْعُه فتقول جاء البرُّ قفيزان بدرهمٍ فيكون قفيزان مبتدأً وبدرهمٍ الخبرَ والجملةُ فى موضع الحال والكلامُ (³حينئذٍ جملتان ، وربّما قالوا جاء البرُّ قفيزَيْن وصاعَيْن ولا يُذْكَر الدرهمُ فيحذفون الثمنَ لأنّه قد عُرف بما جرى من عادة استعمالِهم فى ذلك لأنّهم اذا (⁴اعتادوا ابتياعَ شىء بثمنٍ بعينه (⁵من درهمٍ او دينارٍ تركوا ذِكْرَه لِما فى نفوسهم من معرفته كقولك البرُّ الكُرُّ بستّين يريد بستّين درهما (⁶والخَزُّ عشرةُ أرطالٍ يريد بدرهمٍ فتركوا ذِكْرَه لغَلَبَة المعامَلةِ فيه ، وأمّا قولهم كلّمتُه فاهُ الى فِيَّ فقولُهم فاهُ نُصب على الحال وجعلوه نائبا عن مشافَهةً ومعناه مشافِهًا فهو اسمٌ نائبٌ عن مصدرٍ فى معنى اسم الفاعل والناصبُ للحال الفعلُ المذكورُ الذى هو كلّمتُه. وتقديرُه كلّمتُه مشافِهًا وليس ثَمَّ إضمارُ عاملٍ آخَرَ فيكون من الشاذّ لأنّه معرفةٌ بمنزلةِ الجَمّاء الغَفِيرَ ورَجَعَ عَوْدَه على (⁷بَدْئِهِ هذا مذهبُ أكثرِ أصحابنا البصريّين ، والكوفيّون ينصبون فاهُ الى فِيَّ بإضمارِ جاعِلًا او مُلاصِقا كأنّه قال كلّمتُه جاعلا فاهُ الى فىّ او (⁸مُلاصِقا فاه الى فىّ ، والمذهبُ الأوّلُ وهو رأىُ سيبويه إذ لو كان بإضمارِ جاعلا لَمَا كان من الشاذّ الذى لا يُقاس عليه غيرُه ولجاز أن تقول كلّمتُه وَجْهَه الى وَجْهِى وعَيْنَه الى عينى وأشباهُ ذلك وفى امتناعه دليلٌ على ما قلناه ، وبعضُ العرب يقول كلّمتُه فُوهُ الى فِيَّ فيرفعونه بالابتداء والخبرِ والجملةُ فى موضع الحال كأنّك قلت وَفُوهُ الى فىّ إلّا أنّك استغنيتَ بإضمار العائد اليه عن الواو ولولا الضميرُ المضافُ اليه لم يكن بدّ من الواو ، وأمّا بايَعْتُه يَدًا بِيَدٍ

---

1) L. الصفة. 2) Die beiden folgenden Worte fehlen in L. 3) L. ح. (Abbrev.). 4) L. اعتيادوا. 5) L. ممن. 6) L. والعز B. والحر. 7) L. بدنه B. بديه. 8) Man erwartet مُلْصِقًا wegen des folgenden Accus.

فهو أيضا من بابِ كلّمتُه فاهُ الى فِيّ لأنّه اسمٌ نابَ عن مصدرٍ فى [موضع] الصفةِ كأنّه قال بايعتُه مناقَدةً اى ناقِدًا إلّا أنّ معناهما مختلِفٌ [1]ولذلك لا يجوز فى بايعتُه يَدًا بيَدٍ أن تقول بايعتُه يَدُهُ بِيَدٍ بالرفع ولا يجوز فيه غيرُ النصب بخِلافِ كلّمتُه فُوهُ الى فِيّ لأنّ المراد من قولك بايعتُه يدًا بِيَدٍ التعجيلُ والنقدُ وإن لم يكن بينهما قُرْبٌ فى المكان والمرادُ بقولك كلّمتُه فاهُ الى فِيّ القربُ فى المكان وأنّه ليس بينهما واسِطةٌ فمعناهما مختلفٌ وإن كان طريقُهما فى تقدير الإعراب واحدا، وأمّا قولهم بِعْتُ الشاء شاةً ودرهمًا فشاةً نصبٌ على الحال [2]وصاحبُ الحال الشاء والعاملُ الفعلُ الذى هو بِعْتُ والشاةُ وإن [3]كان اسما جامدا فهو نائبٌ عن الصفة لأنّه وقع موقعَ مسعِّرًا فإذا قلتَ بعتُ الشاء شاةً ودرهما فمعناه بعتُ الشاء مسعِّرا على شاةٍ بدرهمٍ وجُعلت الواوُ فى معنى الباء فبطل الخفضُ وجُعل معطوفا على شاةٍ [4]فاقترن الدرهمُ والشاةُ فالشاةُ مُثْمَنٌ والدرهمُ ثمنُه، وأجاز الخليلُ بعتُ الشاء شاةٌ ودرهمٌ بالرفع والمرادُ شاةٌ بدرهمٍ فشاةٌ [5]بدرهمٍ ابتداءٌ وخبرٌ والجملةُ فى موضع الحال [6]فأمّا اذا قال شاةٌ ودرهمٌ فتقديرُه شاةٌ ودرهمٌ مقرونان فالخبرُ محذوفٌ كما تقول كلُّ رجلٍ وضَيْعَتَهُ بمعنَى مع ضيعته لأنّ فى الواو معنَى مَعَ فصحّ معنى الكلام بذلك [7]وكذلك بعتُ الشاء شاةٌ [8]ودرهمٌ لمّا رفع الدرهمَ وعطفه على الشاة قدّر خبرا لا يخرج عن معنَى مَعَ وهو مقرونان، ومثلُه بيّنتُ له حِسابَه بابًا بابًا فبابًا نصبٌ على الحال لأنّه فى معنَى [9]مُصنَّفًا ومُرتَّبًا، وهذه الاسماء التى فى هذا الباب لا [10]ينفرد منها شىء ولا بدّ من إتباعه بما بعده فلا يجوز كلّمتُه فاهُ حتّى تقول الى فىّ لأنّك إنّما تريد مشافَهةً والمشافهةُ لا تكون إلّا من اثنَيْن وكذلك لا يجوز بايعتُه يدا حتّى تقول بِيَدٍ لأنّ المراد أَخَذَ منّى وأعطانى فهما من اثنين أيضا وكذلك بيّنتُ له حِسابَه بابًا بابًا لو قلت بابا من غير تكريرٍ لتُوُهِّمَ أنّه رتّبه بابا واحدا وليس المعنى عليه وإنّما المرادُ به جَعْلُه أصنافا فاعرفْه،

---

1) L. وكذلك. 2) B. لان صاحب. 3) B. كانت. 4) L. فاقرن بالدرهم. 5) B. وبدرهم.
6) L. فاذا. 7) L. ولذلك. 8) L. درهمٌ. 9) B. مصففا. 10) L. يفرد.

قال صاحب الكتاب وحقُّها أن تكون نكرةً وذو الحال معرفةً وأمّا ✻ أَرْسَلَها العِراكَ ✻ ومررتُ به وَحْدَه وجاؤُا قَضَّهم بقَضِيضهم وفعلتَه جَهْدَك وطاقتَك فمصادرُ قد تُكُلِّم بها على نِيَّةِ وَضْعها فى موضعِ ما لا تعريفَ فيه كما وُضع فاهُ الى فىَّ موضعَ شِفاهًا وعُنى معترِكةً ومنفردا وقاطِبةً وجاهدا ومن الاسماء الجارية بها جَدْوَ هذه المصادرِ قولُهم مررتُ بهم الجَمّاءَ الغَفِيرَ، وتنكيرُ ذى الحال قبيحٌ إلّا اذا تُقدِّمتْ عليه كقوله ✻ لِعَزَّةَ مُوحِشًا طَلَلٌ قَدِيمُ ✻،

قال الشارح إنّما استحقّت الحالُ أن تكون نكرةً لأنّها فى المعنى خبرٌ ثانٍ ألا ترى أنّ قولك جاء زيدٌ راكبًا قد تَضمّنَ الإخبارَ بمَجِىءِ زيدٍ وركوبِهِ فى حال مجيئه وأصلُ الخبر أن يكون نكرةً لأنّها مستفادةٌ وأيضًا فإنّها تُشْبِه التمييزَ فى الباب فكانت نكرةً مثلَه وإنّها تقع فى جوابِ كَيْفَ جَاءَ وكَيْفَ سؤالٌ عن نكرةٍ، وإنّما لزم أن يكون صاحبُها معرفةً لِما ذكرناه من أنّها خبرٌ ثانٍ والخبرُ عن النكرة غيرُ جائزٍ ولأنّه اذا كان نكرةً أمكن أن تجرى الحالُ صفةً ولا حاجةَ الى مخالَفتها إيّاه فى الاعراب إذ لا فَرْقَ بين الحال فى النكرة والصفةِ فى المعنى، وقد جاءت مصادرُ فى موضع الحال لفظُها معرفةٌ وهى فى تأويل النكراتِ فمنها ما فيه الالفُ واللامُ ومنها ما هو مضافٌ فأمّا (¹ما كان بالالف واللامِ فنحوُ قولهم أرسلها العِراكَ قال لَبِيدٌ

✻ فأَرْسَلَهَا العِرَاكَ ولم يَذُدْهَا ✻ ولم يُشْفِقْ على (² نَغَصِ (³الدِخالِ ✻

فنَصَبَ العِراكَ على الحال وهو مصدرُ عَارَكَ يُعارِكُ مُعارَكةً وعِراكًا وجعل العِراكَ فى موضع الحال وهو معرفةٌ اذ كان فى تأويلِ مُعْتَرِكَةً وذلك شاذٌّ لا يُقاس عليه وإنّما جاز هذا الاتّساعُ فى المصادر لأنّ لفظها ليس بلفظ الحال اذ حقيقةُ الحال أن تكون بالصفات ولو صرّحتَ بالصفة لم يجز دخولُ الالف واللامِ لم تقل العربُ أرسلها المعترِكةَ ولا جاء زيدٌ القائمَ لوُجود لفظ الحالِ والتحقيقُ أنّ هذا نائبٌ عن الحال وليس بها وإنّما التقديرُ أرسلها معترِكةً ثُمّ جُعل الفعلُ موضعَ اسم الفاعلِ

1) B. ﺍﺫﺍ. 2) So nach ʿAini. Vgl. die Uebersetzung. Beide Codd. ﻧﻐﺾ. 3) B. ﺍﻟﺮﺣﺎﻝ.

لمشابهته له فصار تعترِكُ ثُمّ جُعل المصدرُ موضعَ الفعل لدلالته عليه يقال أَوْرَدَ إِبِلَهُ العِراكَ اذا أوردها ([1]جميعًا الماء من قولهم ([2]اعترك القومُ اى ازدحموا فى ([3]المُعْتَرَكِ، وأمّا ما جاء مضافا فنحوُ قولك مررتُ به وَحْدَه ومررتُ بهم وَحْدَهم فوَحْدَهُ مصدرٌ فى موضع الحال كأنّه فى معنى إيحادٍ جاء على حذف الزوائد كأنّك قلت أوحدتُه بمُروري إيحادًا وإيحادٌ فى معنى مُوَحَّدٍ اى مُنْفَرِدٍ فإذا قلت مررتُ به وَحْدَه فكأنّك قلت مررتُ به منفردًا، ويحتمل عند سيبويه أن يكون للفاعل ([4]وللمفعول وكان الزَجّاجُ يذهب الى أنّ وحده مصدرٌ وهو للفاعل دون المفعول فإذا قلت مررتُ به منفردا فكأنّك قلت أفردتُه بمُروري ([5]إفرادًا، وقال يُونُس اذا قلت مررتُ به وَحْدَهُ فهو بمنزلةِ مُوَحَّدًا ومنفرِدًا ويجعله للممرور به، وليونسَ فيه قولٌ آخَرُ أنّ وَحْدَهُ معناه عَلَى حِيالِهِ وعلى حياله فى موضع الظرف واذا كان الظرفُ صفةً او حالاً قُدّر فيه مستقِرٌّ ناصبٌ للظرف ومستقرٌّ هو الأوّلُ، واعلمْ أنّ وَحْدَهُ لم يُستعمل إلّا منصوبا إلّا ما ورد شاذًا قالوا هو نَسِيجُ وَحْدِهِ وعُيَيْرُ وَحْدِهِ وجُحَيْشُ وَحْدِهِ وأمّا نسيجُ وحده فهو مَدْحٌ وأصلُه أنّ الثوب اذا كان رفيعا فلا يُنْسَجُ على مِنْوالِه معه غيرُه فكأنّه قال نسيجُ إفرادِه يقال هذا للرجل اذا أُفْرِدَ بالفضل، وأمّا عُيَيْرُ وَحْدِهِ وجُحَيْشُ وَحْدِهِ فهو تصغيرُ عَيْرٍ وهو الحِمارُ يقال للوَحْشيّ والأَهْليّ وجحيش وحده ([5b]فهو ولدُ الحمار وهو ذَمٌّ يقال للرجل المُعْجَبِ برأيه لا يُخالِطُ أحدا فى رأيٍ ولا يدخل فى مَعُونة أحدٍ ومعناه أنّه ينفرد بخِدْمة نفسه، وأمّا قولهم جاؤا قَضَّهم بقضيضهم اى جميعا ولمّا كان معناه التنكيرَ جاز أن يقع حالا، قال الشمّاخ

أَتَتْنِى سُلَيْمٌ قَضَّهَا بِقَضِيضِهَا ([6]تُمَسِّحُ حَوْلِى بالبَقِيعِ سِبالَها*

فقَضَّها منصوبٌ على الحال وقد ([7]استُعمل على ضربَيْنِ منهم مَن ينصبه على كلّ حالٍ فيكون بمنزلة المصدرِ المضافِ المجعولِ فى موضع الحالِ كقولك مررتُ به

---

1) B. جميعها. 2) L. اعرك. 3) B. المعرك. 4) L. والمفعول. 5) L. افراط. 5b) L. u. B. وهو. 6) L. اتمسح. 7) L. استعملت (unp.).

وَحْدَهُ ومنهم مَن يجعل قَضَّهَا تابعًا مُؤَكِّدًا لِما قبله فيجرى به مجرى كُلِّهِم فتقول أتتنى سُلَيْمُ قَضُّها بقضيضها ورأيتُ سليمًا قَضَّها بقضيضها ومررتُ بسليمٍ قضِّها بقضيضها ومعناه أَجْمَعِينَ وهو مأخوذٌ من القَضّ وهو الكَسْرُ وقد يُستعمل فى موضع الوقوع على الشىء بسُرْعَةٍ كما يقال عُقابٌ كاسرٌ وكان معنى قضّهم وَقَعَ بعضُهم على بعضٍ، وأمّا قولهم فعلتَه جَهْدَك وطاقَتَك فهو مصدرٌ فى موضع الحال فهو وإن كان معرفةً فمعناه على التنكير كأنّه قال فعلتَه مجتهِدًا، وأمّا قولهم مررتُ بهم الجَمّاء الغَفيرَ فهما من الاسماء التى تجىُ بها مَجِىء المصادر فالجمّاء اسمٌ والغفيرُ نعتٌ له [1] وهو بمنزلة قولك فى المعنى الجَمَّ الكثيرَ لأنّه يراد به الكثرةُ والغفيرُ يراد به أنّهم قد غطوا الأرضَ من كثرتهم من قولنا غفرتُ الشىء اذا غطيتَه ومنه المِغْفَرُ الذى يوضَع على الرأس لأنّه يغطيه ونصبُه على الحال لأنّهما قد جُعلا فى موضع [2] المصدر كالعِراك كأنّك قلت الجُمومَ الغفيرَ على معنَى مررتُ بهم جامّين غافِرين، وذهب يونسُ الى [أنّ] الجَمّاء الغفيرَ اسمٌ لا [3] فى موضع مصدرٍ وأنّ الالف واللامَ فى نيّة الطَّرْحِ وهذا غيرُ سديدٍ اذ لو جاز مثلُ هذا لجاز مررت به القائمَ فتنصبه على الحال وتنوى بالالف واللامِ الطَّرْحَ وذلك غيرُ جائزٍ، وتنكيرُ ذى الحال قبيحٌ وهو جائزٌ مع قَبْحِه لو قلت جاء زيدٌ ضاحكًا لقبُح مع جوازه وجَعَلَه وصفًا لِمَا قبله هو الوجهُ فإن قدّمتَ صفةَ النكرة نصبتَها على الحال وذلك لامتناع جوازِ تقديمِ الصفةِ على الموصوف لأنّ الصفة تجرى مجرى الصلةِ فى الإيضاح فلا يجوز تقديمُها على الموصوف كما لا يجوز تقديمُ الصلة على الموصول [4] وإذ لم يجز تقديمُها صفةً عُدل الى الحال وحُمل النصبُ على جوازِ جاء رجلٌ ضاحكا وصار حين قدم وَجْهَ الكلام ويُسمّيه النحويّون أحسنَ [5] القبيحَيْن وذلك أنّ الحال من النكرة [5] قبيحٌ وتقديمَ الصفة على الموصوف [5] أقبحُ قال الشاعر

* وتَحْتَ العَوالى [6] والقَنا [7] مستظِلّةً * ظِباءٌ أعارَتْها العُيُونَ الجَآذِرُ *

[1] Man erwartet وهو فى المعنى بمنزلة قولك. [2] B. الصفة. [3] L. لا فى مصدر. [4] Beide Codd. واذا. [5] In beiden Codd. unpunktirt. [6] L. بالقنا. [7] B. مستطيلة.

أراد ظِباءً مستظلّةً فلمّا تقدّم الصفةَ نصبها على الحال وشرطُ ذلك أن تكون النكرةُ لها صفةٌ تجرى عليها ويجوز نصبُ الصفة على الحال والعاملُ فى الحال شىءٌ متقدِّمٌ ثمّ تُقدَّم الصفةُ لغرضٍ يعرِض فحينئذٍ تُنْصَب على الحال ويجب ذلك لامتناع بقائِه صفةً مع التقدّم، وأمّا ما أنشده من قول الشاعر ﷼ لِعَزَّةَ مُوحِشًا طَلَلْ قَدِيمُ ﷼ فالبيتُ لكُثَيِّرٍ وعَجُزُه ﷼ عَفاهُ كلُّ [1]أَسْحَمَ مُسْتَدِيمِ ﷼ والشاهدُ فيه تقديمُ موحشٍ على الطلل ونَصْبُه على الحال، يصف أثارَ الدِيار واندراسَها [2]وتَعْفِيَةَ [3]السُّحُب إيّاها فاعرِفْه،

قال صاحب الكتاب والحالُ المؤكِّدةُ هى التى تجىء على إثْرِ جملةٍ عَقْدُها من اسمَيْن لا عَمَلَ لهما لتوكيدِ خبرها وتقريرِ مُؤدّاه ونَفْيِ الشكِّ عنه وذلك قولك زيدٌ أبوك عَطُوفًا وهو زيدٌ معروفًا وهو الحقُّ بَيِّنًا الا تراك كيف حقّقتَ بالعطوف الأُبُوّةَ وبالمعروف والبيّنِ أنّ الرجل زيدٌ وأنّ الأمرَ حقٌّ وفى التنزيل وَهُوَ ٱلْحَقُّ مُصَدِّقًا وكذلك أنا عبدُ اللّه آكِلًا كما ياكُل العَبِيدُ فيه تقريرٌ للعُبوديّة وتحقيقٌ لها وتقول أنا فلانٌ بَطَلًا شجاعًا وكَرِيمًا جَوادًا فتُحقِّق ما أنت متّسمٌ به وما هو ثابتٌ لك فى نفسك، ولو قلت زيدٌ أبوك منطلقا او أخوك أَحَلْتَ الّا اذا أردتَ التَبَنِّيَ والصَداقة والعاملُ فيها أُثْبِتُه او أُحِقُّه مضمَرًا،

قال الشارح الحالُ على ضربَيْن فالضربُ الأوّلُ ما كان منتقِلًا كقولك جاء زيدٌ راكبا فراكبًا حالٌ وليس الركوبُ بصفةٍ لازمةٍ ثابتةٍ إنّما هى صفةٌ له فى حال مَجيئِه وقد يُنْقَل عنها الى غيرها وليس فى ذِكْرها تأكيدٌ لِما خبّر به وإنّما ذُكرتْ زيادةً فى الفائدة وفضلةً فى الخبر ألا ترى أنّ قولك جاء زيدٌ راكبا فيه إخبارٌ بالمجىء والركوب إلّا أنّ الركوب وقع على سبيل الفضلةِ لأنّ الاسم قبله قد استوفى ما يقتضيه من الخبر بالفعل، وامّا الضربُ الثانى فهو ما كان ثابتًا غيرَ منتقِلٍ يُذْكَر توكيدًا لمعنى الخبر وتوضيحًا له وذلك قولُك زيدٌ أبوك عَطُوفًا وهو الحقُّ بَيِّنًا وأنا زيدٌ معروفًا فقولُك عطوفا حالٌ وهى صفةٌ لازمةٌ للأُبُوّةِ فلذلك [4]أُكِّدَ بها معنى الأُبوّة وكذلك قولُه وهو الحقُّ بيّنًا [5]أُكِّد به الحقّ لأنّ ذلك ممّا يؤكَّد به الحقُّ اذ الحقُّ لا يزال

1) L. اشجم. اسحم haben auch Glossen der Berliner Codd. des Mufaṣṣ. Sprenger u. Wetzst.
2) L. u. B. om. 3) B. السحم. 4) L. اكدتها. 5) L. اكدته.

واضحًا بَيِّنًا وكذلك قولك أنّ زيدٌ معروفًا فمعروفًا حالٌ أكّدتَ بها كَوْنَه زيدًا لأنّ معنى مَعْرُوفٌ لا شَكَّ فيه فهذا قلت أنا زيدٌ لا شكّ فيه كان ذلك تأكيدًا لِما أخبرتَ به، قال الله تع وَهُوَ ٱلْحَقُّ مُصَدِّقًا (1فمصدّقًا حالٌ مُؤَكِّدةٌ اذ الحقُّ لا ينفكّ مصدّقًا، ومثلُه قولُ ابن دارةَ

*أَنَا ابنُ دارةَ مَعْرُوفًا بها نَسَبي * وهَلْ بدارةَ يا (2لَلنّاسِ مِن عارِ*

ولا يجوز أن يقع في هذا (3الموضع إلّا ما أشْبَهَ المعروفَ ممّا يُعرِّف ويُؤكِّد، لو قلت هو زيدٌ منطلقًا لم يجز لأنّه (4لو صحّ انطلاقه لم يكن فيه دلالةٌ على صِدْقه فيما قاله كما أَوْجَبَ قولُه معروفٌ بها نَسَبي أنّه (5ابنُه، ولو قلت أنا عبدُ الله كريمًا جَوادًا او هو زيدٌ بَطَلًا شجاعًا [يجز] لأنّ هذه الصفاتِ وما شاكَلَها ممّا يكون مَدْحًا في الإنسان يُعرَف به فجاز أن تجيء مُؤكِّدةً للخبر لأنّها أشياءُ يُعرَف بها مذكَّرةً مُؤكِّدةً لذاته، وتقول إنّي عبدُ الله اذا صغّرتَ نفسَك لربّك ثمّ تُفسِّر حالَ العَبيدِ بقولك آكِلًا كما يأكُلُ العبيدُ فقولك آكِلًا كما يأكل العبيدُ قد حقّق أنّك عبدُ الله فعلى (6هذا المعنى ونَحْوِه يصحّ ويفسد (7وكلُّ ما (8صحّ به المعنى فهو جيّدٌ (7وكلُّ ما فسد به المعنى فهو مردودٌ، وقولُه تجيء على إثْرِ جملةٍ عَقَدْتَها من اسمَيْن لا عَمَلَ لهما يعني أنّ الحالَ المؤكِّدةَ تأتي بعد جملةٍ ابتدائيّةٍ الخبرُ فيها اسمٌ صريحٌ ولا يكون فعلًا ولا راجعًا الى معنى فعلٍ لأنّ الحالَ هٰهنا تكون تأكيدًا للخبر بذِكْرِ وَصْفٍ من أوْصافه الثابتةِ له والفعلُ لا ثباتَ له ولا يوصَف، وقولُه ولو قلت زيدٌ أبوك منطلقًا او أخوك أحْمَدَ يعني أنّه لا يكون أخاه او أباه في حالٍ دون حالٍ او وقتٍ دون وقتٍ فإن أردتَ أنّه أخوه من حيثُ الصَّداقةِ او أبوه من حيثُ أنّه تبنّاه به جاز لأنّ ذلك ممّا ينتقل فيجوز أن يكون في وقتٍ دون وقتٍ،

---

1) L. فمصدق 2) L. للناس app. 3) B. الموضع. 4) L. لانه في لو صح. 5) Beide Codd. ابنه. 6) B. فهو جيد statt هذا المعنى. 7) Beide Codd. كنف, auch sonst dieselbe Zusammenziehung statt كُلُّ ما. 8) L. صح

والعامل في هذه الحال [illegible] سيبويه فعل مضمر تقديره أخذ ذلك او أخذته [illegible] [illegible] الحال [illegible] تركيبه [illegible] كتركيبه [illegible] [illegible] لا [illegible] او أخذه [illegible] في [illegible] الجملة [illegible] وذهب أبو إسحق الزجاج الى أن العامل في الحال [illegible] او [illegible] وينتصب بعد ذكر من [illegible].

قال صاحب الكتاب والجملة تقع حالا ولا تخلو من أن تكون اسمية او فعلية فإن كانت اسمية فالواو إلا ما شذ من قولهم كلمته فوه الى فيّ وما عسى أن يعثر عليه في الندرة وأما لقيته عليه جبة وشي فمعناه مستقرة عليه جبة وشي وإن كانت فعلية لم تخل من أن يكون فعلها مضارعا او ماضيا فإن كان مضارعا لم يخل من أن يكون مثبتا او منفيا فالمثبت بغير واو وقد جاء في المنفي الأمران وكذلك في الماضي ولا بد معه من قد ظاهرة او مقدرة.

قال الشارح اعلم أن الجملة قد تقع في موضع الحال ولا تخلو الجملة من أن تكون اسمية او فعلية فمثال الاسمية قولك مررت بزيد على يده [illegible] جاء زيد وسيفه على كتفه [illegible] [illegible] ولا يقع بعد هذه الواو إلا الجملة المركبة من مبتدإ وخبر [illegible] [illegible] الجملة بعد [illegible] حالا [illegible] في [illegible] صاحب الحال [illegible] [illegible] [illegible] [illegible] [illegible] [illegible] [illegible] [illegible] [illegible] [illegible] [illegible] الجملة عن [illegible] صاحب الحال [illegible] [illegible] [illegible] [illegible] [illegible] [illegible] [illegible] [illegible] الجملة [illegible] [illegible] [illegible] فلا [illegible] من [illegible] [illegible] [illegible] [illegible] [illegible] [illegible] الحال [illegible] الجملة [illegible]

B. [illegible] — P. B. [illegible] — Bodl. [illegible] — [illegible]

الكلام لا واوٍ ولا ضميرٍ يعود من آخِرِ الكلام الى أوّله فيدلُّ على أنّه معقودٌ بأوّله، قال الشاعر

* نَصَفَ النَّهارُ الماءُ غامِرُهُ * ورَفِيقُهُ بالغَيْبِ لا يَدْرِى *

يصف غائصًا غاصَ فى الماء حتّى انتصف النهارُ ورفيقُه على شاطئ الماء لا يدرى ما كان منه فيقول انتصف النهارُ على الغائص وهذه حالُه والهاء فى غامِرُهُ ربطت الجملةَ بما قبلها حتى جرت حالا، ومن ذلك قوله تعالى يَغْشَى طَآئِفَةً مِنْكُمْ وَطَآئِفَةٌ قَدْ أَهَمَّتْهُمْ أَنْفُسُهُمْ والمعنى واللّهُ أَعْلَمُ يغشى طائفةً منكم فى هذه الحال، وأمّا قول امرئ القيس

* وَقَدْ أَغْتَدِى والطَّيْرُ فى وُكُناتِها * بِمُنْجَرِدٍ قَيْدِ الأَوابِدِ هَيْكَلِ *

فموضعُ الشاهد أنّه جعل الجملةَ التى هى والطيرُ فى وكناتها حالا مع خُلُوِّها من عائدٍ الى صاحب الحال اكتفاء بِرَبْط الواو فهذه الواوُ وما بعدها فى موضع نصبٍ على الحال بما قبلها من العوامل التى يجوز بها نصبُ الحال، واذا قلت جاء زيدٌ وثوبُه نظيفٌ [فهو] فى موضعِ جاء زيدٌ نظيفًا ثوبُه فكما أنّ نظيفا نُصب بما قبله من الفعل فكذلك الجملةُ الواقعةُ موقعَه فى موضع منصوبٍ والعاملُ فيها ذلك الفعلُ، فأمّا قولُه فإن كانت الجملةُ اسميّةً فالواوُ فإشارةٌ الى أنّه اذا وقعتِ الجملةُ الاسميّةُ حالا فيلزمُ الإتيانُ بالواو فيها وليس الأمرُ كذلك إنّما يلزم أن تأتى بما يُعلّق الجملةَ الثانيةَ بالأُولى لأنّ الجملة كلامٌ مستقلٌّ بنفسه مُفيدٌ لمعناه فإذا وقعت الجملةُ حالا فلا بدّ فيها ممّا يُعلّقها بما قبلها ويربطها به لئلّا يُتوهّم أنّها مستأنَفةٌ وذلك يكون بأحدِ أمرَيْن إمّا الواوِ وإمّا ضميرٍ يعود منها الى ما قبلها على ما تقدم فمثالُ الواو جاء زيدٌ والأميرُ راكبٌ [1]وقولُنا والأميرُ راكبٌ جملةٌ فى موضع

---

1) Die nächsten vier Worte fehlen in L.

الحال ومثالُ الضمير أقبل محمّدٌ يَدُهُ على رأسه فقولُه يده على رأسه جملةٌ فى موضع الحال ، فأمّا قوله إلّا ما شَذَّ من قولهم كلّمتُه فوهُ الى فِيَّ فإن أراد أنّه شاذٌ من جهة القياس فليس بصحيحٍ لِمَا ذكرناه من وجود (1 الرابط فى الجملةِ الحاليّةِ وهو الضميرُ فى فوهُ وإن أراد أنّه قليلٌ من جهة الاستعمالِ فقريبٌ لأنّ استعمال الواو فى هذا الكلام أكثرُ لأنّها أَدَلُّ على الغرض وأظهرُ فى تعليقِ ما بعدها بما قبلها ، فأمّا لقيتُه عليه جُبّةُ وَشْيٍ فيحتمل الجارُّ والمجرورُ فيه أمرَيْن أحدُهما أن يكون فى موضع نصبٍ على الحال ويتعلّق حينئذٍ بمحذوفٍ ويكون ارتفاعُ جبّةُ وَشْيٍ بالجارّ والمجرورِ ارتفاعَ الفاعل وهذا لا خِلافَ فى جَوازه ههنا لاعتماده على ذى الحال ، والأمرُ الثانى أن تكون جبّةُ وَشْيٍ مبتدأً والجارُّ والمجرورُ (2 الخبرَ وقد تقدّم عليه وهو شاهدٌ على جواز خُلُوِّ الجملة الاسميّةِ من الواو ، وصاحبُ الكتاب (3 خرّجه على الوجه الأوّلِ لأنّه لا يرى خُلُوَّ الجملة الاسميّةِ من الواو اذا وقعت حالا ، وقد يقع الفعلُ موقعَ الحال اذا كان فى معناه وكان المرادُ به الحالَ المصاحِبةَ للفعل تقول جاء زيدٌ يَضْحَكُ اى ضاحكًا وضربتُ زيدا يَرْكَبُ اى راكبا قال اللّه تع (4 فَجَآءَتْهُ إِحْدَاهُمَا تَمْشِى عَلَى ٱسْتِحْيَآءٍ اى ماشِيَةً وقال الشاعر

* مَتَى تَأْتِهِ تَعْشُو الى ضَوْءِ نارِهِ * تَجِدْ خَيْرَ نارٍ عندها خيرُ مُوقِدِ *

والمرادُ عاشِيًا ولا حاجةَ الى الواو لِمَا بين الفعل المضارِعِ واسمِ الفاعل من المناسَبة ، فأمّا الفعلُ المستقبَلُ فلا يقع موقعَ الحال لأنّه لا يدلّ على الحال لا (5 تقول جاء زيدٌ سَيركب ولا أقبل محمّدٌ سَوْفَ يضحك وكذلك الفعلُ الماضى لا يجوز أن يقع حالا لعدم دلالته عليها لا تقول جاء زيد ضَحِكَ فى معنَى (6 ضاحكا فإن جئتَ معه بقَدْ جاز أن يقع حالا لأنّ قَدْ تُقرّبه من الحال ألا تراك تقول قد قامت الصلوةُ

1) B. الشرائط (unp.). 2) L. والخبر. 3) In beiden Codd. unpunktirt. 4) L. نجاءت. 5) B. بقولك (unp.). 6) L. ضاحك.

قبل حال قيامِها ولهذا يجوز أن يقترن به الآنَ او الساعةَ فيقال قد قام الآنَ او الساعةَ فتقول جاء زيدٌ قد ضحِك وأقبل محمّدٌ وقد عَلاهُ الشَيْبُ ونحوَه قال الشاعر

* ذكرتُكِ والخَطِّيُّ يَخْطِرُ بَيْنَنَا * وقد نَهِلَتْ مِنّا المُثَقَّفَةُ السُمْرُ *

فموضعُ قد نهلت نصبٌ على الحال والتقديرُ ناهِلَةً وربّما حذفوا منه وَقَدْ وهم يريدونها فتكون مقدَّرةً فى الوجود وإن لم تكن فى اللفظ قال الشاعر

* وَطَعْنٍ كَفَمِ الزِقِ * (1 غَذَا والزِقُّ مَلْآنْ *

والمرادُ قد غذا وقد تَأَوَّلوا قوله تعالى (2 أَوْ جَآؤُكُمْ حَصِرَتْ صُدُورُهُمْ على تقديرِ قد حصرت ويُؤَيِّد ذلك قِراءةُ من قرأ حَصِرَةً بالنصب ، وذهب الكوفيّون الى جواز وُقوعِ الفعل الماضى حالا سَواء كان معه قَدْ او لم تكن واليه ذهب ابو الحسن الأخفشُ من البصريّين واحتجّوا لذلك بما تقدّم من النصوص (3 والمعنى بالنصوص قولُه تعالى او جاؤكم حصرتْ صدورُهم وقولُ الشاعر * وطَعْنٍ كَفَمِ الزِقِّ غذا والزِقُّ ملآنْ * ونحوُ قول الآخَر

* وإنّى لتَعْرُونى لذِكْراكِ نُفْضَةٌ * كما ٱنْتَفَضَ العُصْفُورُ بَلَّلَهُ القَطْرُ *

وقولُه حَصِرَتْ من الآية حالٌ وتُؤَيِّدُه قراءةُ مَن قرأ حَصِرَةً على ما تقدّم (4 وكذلك غَذَا من قوله غذا والزِقُّ ملآن وكذلك قولُه بلّله القطرُ فى موضع الحال ، وأمّا المعنى فإنّ الفعل الماضى يقع صفةً للنكرة (5 وكلُّ ما جاز أن يكون صفةً فإنّه يجوز أن يكون حالا ألا ترى أنّك تقول جاء زيدٌ يضحك كما تقول جاء (6 زيدٌ ضاحكا لأنّك تقول جاء رجلٌ [يضحك كما تقول جاء رجلٌ] ضاحكٌ فيكون صفةً للنكرة ، وقد تقدّم الجوابُ عن النصوص بأنّ قَدْ مرادةٌ فيها ولذلك حسُن الحالُ بالماضى ، وأمّا ما ذكروه من المعنى ففاسدٌ والأمرُ فيه بالعَكْس فإنّ كلَّ ما يجوز أن يكون حالا يجوز

---

1) Beide Codd. hier und nachher stets غدا. Vgl. Ḥamâsa ed. Freyt. I. p. 11. 2) L. قد für او. 3) B. اما النصوص فقوله. 4) L. ولذلك. 5) Beide Codd. كلما. 6) B. رجل.

أن يكون صفةً للنكرة وليس كلُّ ما يجوز أن يكون صفةً للنكرة يجوز أن يكون حالا ألا ترى أنّ الفعل المستقبَل يجوز أن يكون صفةً للنكرة نحوَ هذا رجلٌ سَيَكْتُبُ او سَيَضْرِبُ ولا يجوز أن يقع حالا فضاحِكٌ ونحوُه إنّما وقع حالا لأنّه اسمُ فاعلٍ واسمُ الفاعل قد يكون للحال وليس كذلك الفعلُ الماضى ولا الفعلُ المستقبَلُ فلا يكون كلُّ واحدٍ منهما حالا ، واعلمْ أنّ الفعل الماضى اذا اقترن به قَدْ والفعلَ المضارعَ اذا دخل عليه نافٍ [1] ووقع كلُّ واحدٍ منهما حالا كنت مخيَّرا فى الإتيان بواو الحال وتَرْكِها تقول جاء زيدٌ [2] قد عَلاهُ الشَّيْبُ وإن شئتَ أن تقول وقد علاه الشيبُ ومثلُه قولُه * وقد نَهِلَتْ منّا المُثَقَّفَةُ السُّمْرُ * وذلك أنّ قَدْ تُقرِّب الماضى من الحال وتُلْحِقه بحُكْمِه وهذه واوُ الحال ولأنّه بدُخولِ قَدْ [3] أَشْبَهَ الجملةَ الاسميّةَ من حيث أنّ [4] الجُزْءَ الأوّلَ من الجملة ليس فعلا وكذلك الفعلُ المضارعُ اذا دخل عليه النافى جاز دخولُ الواو عليه وتَرْكُها لِما ذكرناه من شَبَهِها بالجملة الاسميّةِ من حيث صار أوّلُ جُزْءٍ منها غيرَ فعلٍ ، قال اللّه تع فى قراءة ابن عامرٍ وَلَا تَتَّبِعَانِ سَبِيلَ ٱلَّذِينَ لَا يَعْلَمُونَ بتخفيف النون وكسرِها فقولُه لا تتّبعان فى موضع الحال فهو مرفوعٌ والنونُ علامةُ الرفع وليس بنَهْيٍ لثُبوت النون فيه ولا تكون نونَ التأكيد لأنّ نون التأكيد الخفيفةَ لا تدخل فِعْلَ الاثنَيْن عندنا والتقديرُ فَٱسْتَقِيمَا غيرَ مُتَّبِعَيْنِ ومثلُه قول الشاعر

* بأَيْدِى رِجالٍ لم تُشَمُّوا سُيوفَهم * ولم يَكْثُرِ [5] القَتْلَى بها [6] حِينَ سُلَّتِ *

وقال اللّه تع فَٱضْرِبْ لَهُمْ طَرِيقًا فِى ٱلْبَحْرِ يَبَسًا لَا تَخَافُ دَرَكًا وَلَا تَخْشَى فقولُه لا تخاف دركًا ولا تخشى فى موضع الحال فأتى بالواو فى موضعٍ ولم يأتِ بها فى موضعٍ فإذا أتى بها [7] فلِشَبَهِ الجملةِ الفعليّةِ بالاسميّةِ لمكان حرف النفيِ ومن لم يأتِ بها فلأنّه فعلٌ مضارعٌ ،

---

1) B. وقع. 2) قد fehlt in L. 3) B. اشبهت. 4) B. الخبر (unp.) 5) L. القتل.
6) B. حيث. 7) L. فاشبه.

قبل حال قيامِها ولهذا يجوز أن يقترن به الآنَ او الساعةَ فيقال قد قام الآنَ او الساعةَ فتقول جاء زيدٌ قد ضحِك وأقبل محمّدٌ وقد عَلاهُ الشَّيْبُ ونحوَه قال الشاعر

❊ ذكرتُكِ والخَطِّيُّ يَخْطِرُ بَيْنَنا ❊ وقد نَهِلَتْ مِنّا المُثَقَّفَةُ السُّمْرُ ❊

فموضعُ قد نهلت نصبٌ على الحال والتقديرُ ناهِلَةً وربّما حذفوا منه قَدْ وهم يريدونها فتكون مقدَّرةً فى الوجود وإن لم تكن فى اللفظ قال الشاعر

❊ وَطَعْنٍ كَفَمِ الزِّقِ ❊ [1] غَدَا والزِّقُّ مَلْآنْ ❊

والمرادُ قد غدا وقد تَأَوَّلوا قوله تعالى [2] أَوْ جَآؤُكُمْ حَصِرَتْ صُدُورُهُمْ على تقديرِ قد حصرت ويُؤَيِّد ذلك قِراءةُ من قرأ حَصِرَةً بالنصب، وذهب الكوفيّون الى جواز وُقوعِ الفعل الماضى حالا سَواء كان معه قَدْ او لم تكن واليه ذهب ابو الحسن الأخفشُ من البصريّين واحتجّوا لذلك بما تقدّم من النصوص [3] والمعنى فالنصوص قولُه تعالى او جاؤكم حصرتْ صدورُهم وقولُ الشاعر ❊ وطَعْنٍ كَفَمِ الزِقِّ غدا والزِقُّ ملآنْ ❊ ونحوُ قول الآخَر

❊ وإنّى لَتَعْرُونى لِذِكْراكِ نَفْضَةٌ ❊ كما ٱنْتَفَضَ العُصْفُورُ بَلَّلَهُ القَطْرُ ❊

وقولُه حَصِرَتْ من الآية حالٌ وتُؤَيِّده قراءةُ مَن قرأ حَصِرَةً على ما تقدّم [4] وكذلك غَدَا من قوله غدا والزِقُّ ملآن وكذلك قولُه بلّله القطرُ فى موضع الحال، وأمّا المعنى فإنّ الفعل الماضى يقع صفةً للنكرة [5] وكلُّ ما جاز أن يكون صفةً فإنّه يجوز أن يكون حالا ألا ترى أنّك تقول جاء زيدٌ يضحك كما تقول جاء [6] زيدٌ ضاحكا لأنّك تقول جاء رجلٌ [يضحك كما تقول جاء رجلٌ] ضاحكٌ فيكون صفةً للنكرة، وقد تقدّم الجوابُ عن النصوص بأنّ قَدْ مرادةٌ فيها ولذلك حسُن الحالُ بالماضى، وأمّا ما ذكروه من المعنى ففاسدٌ والأمرُ فيه بالعَكْس فإنّ كلَّ ما يجوز أن يكون حالا يجوز

1) Beide Codd. hier und nachher stets غدا. Vgl. Hamâsa ed. Freyt. I. p. 11. 2) L. قد für او.
3) B. اما النصوص فقوله. 4) L. ولذلك. 5) Beide Codd. كلما. 6) B. رجل.

أن يكون صفةً للنكرة وليس كلُّ ما يجوز أن يكون صفةً للنكرة يجوز أن يكون حالا ألا ترى أنّ الفعل المستقبَل يجوز أن يكون صفةً للنكرة نحوَ هذا رجلٌ سَيَكْتُبُ او سَيَضْرِبُ ولا يجوز أن يقع حالا فضاحِكٌ ونحوُه إنما وقع حالا لأنّه اسمُ فاعلٍ واسمُ الفاعل قد يكون للحال وليس كذلك الفعلُ الماضى ولا الفعلُ المستقبَلُ فلا يكون كلُّ واحدٍ منهما حالا ؛ واعلمْ أنّ الفعل الماضى اذا اقترن به قَدْ والفعلَ المضارعَ اذا دخل عليه نافٍ (1) ووقع كلُّ واحدٍ منهما حالا كنت مخيَّرًا فى الإتيان بواو الحال وتَرْكِها تقول جاء زيدٌ (2) قد عَلاهُ الشَّيْبُ وإن شئتَ أن تقول وقد علاه الشيبُ ومثلُه قولُه ✻ وقد نَهِلَتْ مِمّا المُثَقَّفَةُ السُّمْرُ ✻ وذلك أنّ قَدْ تُقَرِّب الماضى من الحال وتُلْحِقه بحُكْمِه وهذه واوُ الحال ولأنّه بدخولِ قَدْ (3) أَشْبَهَ الجملةَ الاسميّةَ من حيث أنّ (4) الجُزْءَ الأوّلَ من الجملة ليس فعلا وكذلك الفعلُ المضارعُ اذا دخل عليه النافى جاز دخولُ الواو عليه وتَرْكُها لِما ذكرناه من شَبَهِها بالجملة الاسميّةِ من حيث صار أوّلُ جُزْءٍ منها غيرَ فعلٍ ؛ قال اللّه تع فى قراءة ابن عامرٍ وَلَا تَتَّبِعَانِ سَبِيلَ ٱلَّذِينَ لَا يَعْلَمُونَ بتخفيف النون وكسرِها فقولُه لا تتبعان فى موضع الحال فهو مرفوعٌ والنونُ علامةُ الرفع وليس بنَفْيٍ لثُبوت النون فيه ولا تكون نونَ التأكيد لأنّ نون التأكيد الخفيفةَ لا تدخل فِعْلَ الاثنَيْن عندنا والتقديرُ فَٱسْتَقِيمَا غيرَ مُتَّبِعَيْنِ ومثلُه قول الشاعر

✻ بِأَيْدِى رِجالٍ لم تُشَمُّوا سُيوفُهم ✻ ولم يَكْثُرِ (5) القَتْلَى بها (6) حِينَ سُلَّتِ ✻

وقال اللّه تع فَٱضْرِبْ لَهُمْ طَرِيقًا فِى ٱلْبَحْرِ يَبَسًا لَا تَخَافُ دَرَكًا وَلَا تَخْشَى فقولُه لا تخاف دركًا ولا تخشى فى موضع الحال فأتى بالواو فى موضعٍ ولم يأتِ بها فى موضعٍ فإذا أتى بها (7) فلِشَبَهِ الجملةِ الفعليّةِ بالاسميّة لمكان حرف النفيِ ومن لم يأتِ بها فلأنّه فعلٌ مضارعٌ ؛

---

1) B. وقع. 2) قد fehlt in L. 3) B. اشبهت. 4) B. الخبر (nnp.) 5) L. القتل.
6) B. حيث. 7) L. فاشبه.

قال صاحب الكتاب ويجوز إخلاء هذه الجملةِ عن الراجع الى ذى الحال إجراء لها مُجْرَى الظرف لانعقادِ الشَبَه بين الحال وبينه تقول أَتَيْتُك وزيدٌ قائمٌ ولَقِيتُك والجَيْشُ قادمٌ قال * وَقَدْ أَغْتَدِى والطَيْرُ فى وُكُناتِها *

قال الشارح قد تقدّم القولُ (1أنّ الغرض من الضمير فى الجملة الحاليّةِ رَبْطُها بما قبلها فإذا وُجد إمّا الواوُ (2وإمّا الضميرُ وُجد ما حصل به الغرضُ، وقولُه إجراءً لها مُجْرَى الظرف فيعنى بالظرف إذْ وقد شبّه سيبويه واوَ الحال بإذْ وقدّرها بها وذلك من حيث كانت إذْ منتصبةَ الموضع كما أنّ الواو منتصبةَ الموضع وأنّ ما بعد إذْ لا يكون إلّا جملةً كما أنّ الواو كذلك وكلُّ واحدٍ من الظرف والحالِ يُقدَّر بحرف الجرّ فاذا قلت جاء زيدٌ وسيفُه على عاتِقه كأنّك قلت جاء زيدٌ فى هذه الحال والحالُ مفعولٌ فيها كما أنّ الظرف كذلك فكما أنّ الجملة بعد إذْ لا تفتقِر الى ضميرٍ يعود الى ما قبلها فكذلك ما بعد الواو وهذا معنى قوله لانعقادِ الشَبَه بينهما،

قال صاحب الكتاب ومن انتصابِ الحال بعاملٍ مضمَرٍ قولُهم للمرتحِل راشِدًا مَهْدِيًّا ومُصاحَبًا مُعانًا بإضمارِ اِذْهَبْ وللقادم مَأْجُورًا مَبْرُورًا اى رجعتَ وإن أُنْشدتَ شِعْرًا او حُدِّثتَ حَدِيثًا قلتَ صادِقًا بإضمارِ قَالَ وإذا رأيتَ مَن يتعرّض لأمرٍ قلت متعرِّضًا لعَنَنٍ لم يَعْنِهِ اى دَنَا منه متعرِّضًا،

قال الشارح اعلمْ أنّ الحال قد يُحذَف عاملُه اذا كان فِعْلًا وفى الكلام دلالةٌ عليه إمّا قرينةُ حالٍ او مَقالٍ فمن ذلك أن ترى رجلا قد أزمع سَفَرًا او أراد حَجًّا فتقول راشِدًا مَهْدِيًّا وتقديرُه اِذْهَبْ راشدا مهديا، ومثلُه أن تقول لمن خرج الى سَفَرٍ مُصاحَبًا مُعانًا وتقديرُه اِذْهَبْ او سافِرْ مصاحَبًا معانًا فدلّتْ قرينةُ الحال على الفعل وأغنتْ عن اللفظ به، ولو رفعتَ هذه الأشياء وقلت راشدٌ مهديٌّ ومصاحَبٌ مُعانٌ لكان جيّدًا عربيًّا على معنَى أنت راشدٌ مهديٌّ ومصاحبٌ معانٌ فالرفعُ بإضمار

1) B. بان (unp.) 2) B. والضمير.

مبتدإٍ هو الظاهرُ فى المعنى والنصبُ بإضمار فعلٍ، وكذلك [1] اذا رأيتَ رجلًا قد قدم من سفرٍ او حَجٍّ او زيارةٍ لقلت مأجورًا مبرورًا والمعنى قدمتَ مأجورا مبرورا او رجعتَ مأجورا مبرورا، ومن ذلك [2] إن حَدَثَ فلانٌ بكذا وكذا قلت صادِقًا واللّهِ وأنشد شِعْرا فتقول صادِقًا واللّهِ اى قالَه صادقا لأنّه اذا أنشد فكأنّه قد قال قَالَ كَذَا فقلت قَالَ صادقا فالرفعُ جائزٌ على إضمار مبتدإٍ [3] كما جاز [4] فى راشدٌ مهديٌّ ومصاحَبٌ مُعانٌ، ومن ذلك أن ترى رجلا قد أَوْقَعَ أمرا او تَعرّضَ له فتقول متعرِّضا لعَنَنٍ لم يَعْنِهِ كأنّه قال فَعَلَ هذا متعرّضا لعننٍ او دنا من هذا الأمرِ متعرّضا والعَنَنُ ما عَنَّ لك اى عرض لك والمعنى أنّه دخل فى شىء لا يَعْنِيهِ،

قال صاحب الكتاب ومنه أخذتُه بدرهمٍ فَصاعِدًا او بدرهمٍ فزائدًا اى فذَهَبَ الثَّمَنُ صاعدا او زائدا ومنه أَتَمِيمِيًّا مَرَّةً وقَيْسِيًّا أُخْرَى كأنّك قلت أَتَحَوَّلُ ومنه قوله تعالى بَلَى قَادِرِينَ اى نَجْمَعُهَا قادرين،

قال الشارح أمّا قولهم أخذتُه بدرهمٍ فصاعدا وبدرهم فزائدا فصاعدا وزائدا نُصب على الحال وقد حُذف صاحبُ الحال والعاملُ فيه تخفيفا لكثرة استعمالهم إيّاه والتقديرُ أخذتُه بدرهمٍ فذهب الثمنُ [5] صاعدا فالثمنُ صاحبُ الحال والفعلُ الذى هو ذَهَبَ العاملُ فى الحال وكذلك أخذتُه بدرهمٍ فزائدا تقديرُه أخذتُه بدرهمٍ فذهب الثمنُ زائدا كأنّه [6] ابتاعَ متاعًا بأثمانٍ مختلفةٍ [7] فأخذ بأدنى الأثمان ثمّ جعل بعضَها يتلو بعضا فى الزيادة والصعودِ وصار بعضُها مثلا بدرهمٍ وقيراطٍ وبعضُها بدرهمٍ ودانقٍ وحسُن حذفُ الفعل لأَمْنِ اللَّبْسِ، [8] ولا يحسن عطفه على الباء فى قولك بدرهمٍ لوجوهٍ منها أنّ صاعدا وزائدا صفةٌ ولا يحسن عطفه على الدرهم الموصوفِ والوجهُ الثانى أنّ الثمن لا يُعْطَف بعضُه على بعضٍ [9] بالفاء لأنّه

---

1) L. لو. 2) L. ان تقول حدث فلان بكذا وكذا فيقال. 3) L. كما فى جاز. 4) L. فى راشد ومهدىّ ومصاحب ومعان. 5) B. فصاعدا. 6) L. امتناع. 7) B. فاحمر. 8) B. اذ لا. 9) L. بالباء.

[1] لا يتقدّم بعضُه على بعضٍ إنّما يقع دفعةً واحدةً فلا تقول اشتريتُ الثوبَ بدرهمٍ فدانقٍ إنّما ذلك بالواو لأنّها للجمع بين الشيئَيْن من غير ترتيبٍ ، والوجهُ الثالثُ أنّ صاعدا صفةٌ فلا يحسن أن تُجْعَل ثمنًا فى موضع الاسم الموصوفِ ، ولا يقع فى هذا الموضع من حروف العطف إلّا الفاء وثُمّ لو قلت أخذتُه بدرهمٍ وصاعدا لم يجز لأنّ الأثمان يتلو بعضُها بعضًا والفاء وثُمّ يَدُلّان على ذلك لإفادتهما الترتيبَ والواوُ لا تدلّ على ترتيب الفعل فلذلك لم يجز إلّا الفاء وثُمّ والفاء أكثرُ فى كلام العرب لاتّصالها بما قبلها ، وأمّا قولهم أتميميًّا مرّةً وقَيْسيًّا أُخرى فإنه منصوبٌ على الحال وإن كان اسما جامدا غيرَ مشتقٍّ من حيث كان منسوبا والنسبُ يُخْرِجه من حَيّزِ الجمود الى حُكْم المشتقّات حتّى يصير وصفا والعاملُ فيه فعلٌ محذوفٌ تقديرُه أَتَحَوّلُ تميميّا مرّةً وقيسيّا اخرى او تنتقل كأنّه رأى رجلا فى حالٍ يكون ويتحوّل من حالٍ الى حالٍ لا يثبت على شىء [2] فقال أتميميًّا مرّةً وقيسيّا اخرى والمعنى أتتخلّقُ مرّةً بأخلاق تميمٍ وتارةً بأخلاق قيسٍ ولا تعتمِد على خُلُقٍ واحدٍ منهما كأنّه يُثْبِتُ له هذه الحالَ ويُوَبِّخه عليها وليس يسترشِده عمّا يجهَله وإن كان بلفظ الاستفهام ، وحكى سيبويه أنّ رجلا من بنى أسدٍ قال [3] يومَ جَبَلَةَ وهو يومٌ لبنى تميمٍ وعامرٍ على بنى أَسَدٍ وذُبْيانَ وقد استقبله بَعِيرٌ أَعْوَرُ فنظر الأسدىُّ الى قومه فقال يا بنى أسدٍ [4] أأَعْوَرَ وذا نابٍ أتى بلفظ الاستفهام ولم يُرِدْ أن يسترشِدَهم ليُخْبِروه عن عَوَره لكنّه [5] حقّق ذلك حَذَرَهُ وانهزموا [6] فقُتل منهم ، والفعلُ الناصبُ لأعْوَرَ وذا نابٍ محذوفٌ تقديرُه [7] أتستقبِلون ودلّ عليه الحالُ المشاهَدةُ ، وهذه المسئلةُ من قبيل قولهم أقائمًا وقد قعد الناسُ إلّا أنّ الاسم المنصوب هنا لم يكن مأخوذا من

---

1) B. ويتقدم. 2) L. فيقال. 3) Die Vokale und Punkte in den folgenden Eigennamen nach Jâḳût ed. Wüstenfeld II. p. 24. Vgl. auch Freytag prov. Ar. III. p. 558 No. 11. 4) B. اعور. 5) In beiden Codd. unpunktirt. 6) Die beiden folgenden Worte unsicher, weil in beiden Codd. unpunktirt. 7) L. ايستقبلون, in B. unpunktirt.

فعلٍ فٱحْتِيجَ الى تقدير فعلٍ من غير لفظه وقياسُه لو قُدّر من لفظه (1أَتَتَمَّمْ تميميًّا مرّةً وتَتَقَيَّسُ قيسيًّا اخرى كما قلت فى قولك أَقائما وقد قعد الناسُ [أتقوم قائما]، ويجوز الرفعُ فى قولك أَتميميًّا مرّةً وقيسيًّا اخرى فتقول أتميميٌّ مرّةً وقيسيٌّ اخرى على معنَى أَأَنت تميميٌّ مرّةً وقيسيٌّ اخرى فيكون مبتدأً وخبرا وجاز الرفعُ بتقدير المبتدإ كما ترفعه لو ظهر ذلك المبتدأُ المقدّرُ، فأمّا قوله تعالى أَيَحْسِبُ ٱلْإِنْسَانُ أَنْ لَنْ نَجْمَعَ عِظَامَهُ بَلَى قَادِرِينَ عَلَى أَنْ نُسَوِّىَ بَنَانَهُ فانتصابُ قادرين عند سيبويه بفعلٍ مقدّرٍ (2 تقديرُه نَجْمَعُهَا قادرين (3 ودلّ على ذلك الفعل قولُه تعالى أن لن نجمع عظامه، وتَسْوِيَةُ البَنانِ ضمُّ بعضِها الى بعضٍ، وذهب الفرّاء الى أنّ انتصابه بإضمار فعلٍ دلّ عليه الفعلُ المذكورُ أوّلًا وهو قولُه أيحسب الانسانُ وتقديرُه بلى فَلْيَحسبْنا قادرين على أن نسوّى بنانَه فهذا لجَعْلِهِ مفعولا ثانيًا ومفعولَا حسبتُ وأخواتِها لا يجوز ذِكْرُ أحدِهما دون الاخَر، وذهب بعضُهم الى أنّ تقديره بلى نَقْدِرُ قادرين وهو ضعيفٌ أيضا لأنّ اسم الفاعل اذا وقع حالا لم (4 يجز أن يعمل فيه فعلٌ من لفظه لا تقول قمتُ (5 قائما وأنت تريد الحالَ لأنّ الحال لا بدّ فيها من فائدةٍ إن كانت فضلةً فى الخبر وليس فى ذلك فائدةٌ لأنّك لا تقوم إلّا قائما والوجهُ هو الأوّل وهو مذهبُ سيبويه رحمه اللّه،

1) Statt أَتَتَمَّمْ. 2) L. تقديرها. 3) L. وذلك. 4) B يحسن. 5) L. قياما.

Genaue Abschrift einer Stelle aus Cod. Lips.

قال السارح انما استحقت الحال ان تكون نكرة لانها فى المعنى خبر ثان الا ترى ان قولك
جاء زيد راكبا قد تضمن الاخبار بمجى زيد وركوبه فى حال مجيئه واصل الخبر ان تكون نكره
لانها مستفادة وايضا فانها تسبه التمييز فى الباب فكانت نكره مثله وايضا تقع فى جواب
كيف جاء وكيف سوال عن نكره وانما لزم ان تكون صاحبها معرفه لما ذكرناه من
انها خبر ثان والخبر عن النكره غير جائز ولانه اذا كان نكره امكن ان تجرى الحال صفة
ولا حاجه الى مخالفتها اياه فى الاعراب اذلا فرق بين الحال فى النكره والصفه فى المعنى وقد
جاءت مصادر فى موضع الحال لفظها معرفه وهى فى تأويل النكرات فمنها ما فيه الالف
واللام ومنها ما هو مضاف فاما ما كان بالالف واللام فنحو قولهم ارسلها العراك قال لبيد
فارسلها العراك ولم يذدها ولم يشفق على نغص الدخال فنصب العراك على الحال وهو
مصدر عارك يعارك معاركة وعراكا وجعل العراك فى موضع الحال وهو معرفه اذكان فى تاويل
معتركة وذلك شاذ لا يقاس عليه وانما جاز هذا الاتساع فى المصادر لان لفظها ليس بلفظ
الحال اذ حقيقه الحال ان تكون بالصفات ولو صرحت بالصفه لم يجز دخول الالف واللام
لم تقل العرب ارسلها المعتركة ولا جاء زيد القائم لوجود لفظ الحال والتحقيق ان هذا
نائب عن الحال وليس بها وانما التقدير ارسلها معتركة ثم جعل الفعل موضع اسم الفاعل
لمشابهته له فصار يعترك ثم جعل المصدر موضع الفعل لدلالته عليه فقال اورد ابله العراك
اذا اوردها جميعا الماء قولهم اعترك القوم اى ازدحموا فى المعترك واما ما جاء مضافا فنحو
قولك مررت به وحده ومررت بهم وحدهم فوحده مصدر فى موضع الحال كانه فى معنى ايحاد
جاء على حذف الزوائد كانك قلت اوحدته بمرورى ايحادا وايحاد فى موضع موحدا اى منفرد
فاذا قلت مررت به وحده فكانك قلت مررت به منفردا ويحتمل عند سيبويه ان تكون
للفاعل والمفعول وكان الزجاج يذهب الى ان وحده مصدر وهو للفاعل دون المفعول فاذا
قلت مررت به منفردا فكانك قلت افردته بمرورى افرادا وقال يونس اذا قلت مررت به وحده
فهو بمنزلة موحدا ومنفردا ويجعله للممرور به وليونس فيه قول اخر ان وحده بمعناه على
حياله وعلى حياله فى موضع الظرف واذا كان الظرف صفة او حالا قدر فيه مستقر ناصب
للظرف ومستقر هو الاول واعلم ان وحده لم يستعمل الا منصوبا الا ما ورد شاذا قالوا نحو
نسيج وحده وعيير وحده وجحيش وحده فاما نسيج وحده فهو مدح واصله ان الثوب
اذا كان رفيعا فلا ينسج على منواله معه غيره فكانه قال نسيج افراده فقال هذا للرجل
اذا افرد بالفضل واما عيير وحده وجحيش وحده فهو تصغير عير وهو الحمار فقال للوحشى
والاهلى وجحيش وحده وهو ولد الحمار وهو ذم يقال للرجل المعجب برايه لا يخالط احدا فى
راى ولا يدخل فى معونة احد ومعناه انه ينفرد بخدمة نفسه واما قولهم جاءوا قضهم
بقضيضهم اى جميعا ولما كان معناه التنكير جاز ان يقع حالا قال الشماخ اتتنى سليم
قضها بقضيضها اتمسح حولى بالبقيع سبالها فقضها منصوب على الحال وقد استعملت
على ضربين منهم من ينصبه على كل حال فيكون بمنزلة المصدر المضاف المجعول فى
موضع الحال كقولك مررت به وحده ومنهم من يجعل قضها تابعا موكدا لما قبله فيجرى
به مجرى كلهم فيقول اتتنى سليم قضها بقضيضها ورايت سليما قضها بقضيضها ومررت
بسليم قضها بقضيضها ومعناه اجمعين وهو ماخوذ من القض وهو الكسر وقد يستعمل
فى موضع الوقوع على الشى بسرعة كما يقال عقاب كاسر .....